NOS 25 ANOS DA CPLP

Estudos em homenagem a José Aparecido de Oliveira
e Ricardo Arnaldo Malheiros Fiuza

Lauro Moreira
Rogério Faria Tavares
coordenadores

NOS 25 ANOS DA CPLP

Estudos em homenagem a José Aparecido de Oliveira e Ricardo Arnaldo Malheiros Fiuza

editora Del Rey
2022

Impresso no Brasil | *Printed in Brazil*

EDITORA DEL REY LTDA.
www.livrariadelrey.com.br

Editor: Arnaldo Oliveira

Editor Adjunto: Ricardo A. Malheiros Fiuza (*in memoriam*)

Coordenação Editorial: Letícia Neves

Diagramação e revisão: Know-how Editorial

Editora:
Rua dos Goitacazes, 71 – Lojas 20 a 24
Centro – Belo Horizonte – MG
CEP 30190-050

Comercial:
Tel.: (31) 3284-3284 / 3293-8233
vendas@editoradelrey.com.br

Editorial:
editorial@editoradelrey.com.br
Tel.: (31) 2516-3340

N897 Nos 25 anos da CPLP: estudos em homenagem a José Aparecido de Oliveira e Ricardo Arnaldo Malheiros Fiuza / Lauro Moreira, José Faria Tavares (coordenadores). -- Belo Horizonte: Del Rey, 2022.
304 p.

Inclui bibliografia.
ISBN 978-65-00-45677-6.

1. Direito internacional público. 2. Países de língua portuguesa. 3. Oliveira, José Aparecido de, 1929-. 4. Fiuza, Ricardo Arnaldo Malheiros, 1937-2019. I. Moreira, Lauro. II. Tavares, Rogério Faria. III. Título.

Junio Martins Lourenço – Bibliotecário – CRB-6 3167

SOBRE OS COORDENADORES

Lauro Barbosa da Silva Moreira

Bacharel em Direito pela PUC/Rio. Diplomata de Carreira. Serviu em Buenos Aires, Genebra, Washington, Barcelona, Rabat e em Lisboa, como primeiro Embaixador do Brasil junto à CPLP. Ocupou postos de Chefia no Itamaraty, nos Ministérios da Indústria e Comércio, Fazenda, Ciência e Tecnologia. Presidente da Comissão Nacional para as Comemorações do V Centenário do Descobrimento do Brasil. Eleito *Personalidade Lusófona de 2009*, pelo Movimento Internacional Lusófono. Agraciado pela CPLP com o *Prêmio José Aparecido de Oliveira*, 2016. Autor de *Quincasblog: Meus Encontros*, livro de crônicas memorialísticas. Presidente do *Observatório da Língua Portuguesa*, com sede em Lisboa.

Rogério Faria Tavares

Graduado em Direito pela UFMG, onde também concluiu o mestrado em Direito Internacional. Na Universidade Autônoma de Madri, obteve o Diploma de Estudos Avançados em Direito Internacional e Relações Internacionais. É Doutor em Literatura pela PUC Minas. Foi Supervisor de Relações Públicas da Fiat Chrysler para a América Latina e presidente do BDMG Cultural. Atualmente, preside a Academia Mineira de Letras, onde ocupa a cadeira de número oito. É membro do Instituto Histórico e Geográfico Brasileiro e do Instituto dos Advogados Brasileiros. Entre seus livros está "Entre el derecho y el poder: el Consejo de Seguridad y la Corte Penal Internacional en la situación del Sudán".

SOBRE OS AUTORES

Angelo Oswaldo de Araújo Santos

Jornalista, dirigiu o "Suplemento Literário" do Minas Gerais entre 1971 e 1973. Foi presidente do Instituto de Patrimônio Histórico e Artístico Nacional (IPHAN) entre 1985 e 1987 e chefe de gabinete do ministro da Cultura Celso Furtado entre 1986 e 1988. Foi presidente do Instituto Brasileiro de Museus (IBRAM). Foi secretário de Cultura de Minas Gerais nos governos Itamar Franco e Fernando Pimentel. Está no quarto mandato como prefeito de Ouro Preto. Ocupa a cadeira número 3 da Academia Mineira de Letras.

Caio Boschi

Professor Titular dos Departamentos de História da Universidade Federal de Minas Gerais (aposentado) e da Pontifícia Universidade Católica de Minas Gerais. Professor convidado e leitor de História e Cultura do Brasil nas Universidades de Lisboa (1990-1998) e do Porto (1999-2009). Participante das atividades preparatórias para a criação da Comunidade dos Países de Língua Portuguesa (CPLP), nomeadamente na concepção da Universidade dos Sete. Ocupa a cadeira de número 30 da Academia Mineira de Letras.

Domingos Simões Pereira

Engenheiro Civil e Industrial pelo Instituto de Engenharia de Odessa, ex-URSS (Ucrânia). Mestre em Ciências da Engenharia Civil pela Universidade Estatal da Califórnia, em Fresno. Foi Conselheiro do Primeiro Ministro da Guiné-Bissau para as Infraestruturas por conta do Banco Mundial e Secretário-geral da Caritas Guiné-Bissau de setembro de 2006 a setembro de 2008. De maio de 2004 a novembro de 2005, foi o titular do Ministério das Obras Públicas, Construções e Urbanismo. Foi Ministro do Equipamento Social entre 2002 e 2003. Entre 2008 e 2012, foi o Secretário-executivo da CPLP.

Francisco Ribeiro Telles

Embaixador plenipotenciário da República Portuguesa. Ingressou na carreira diplomática, no Ministério dos Negócios Estrangeiros de Portugal, em 1983. Durante o seu percurso profissional, foi Adjunto do Gabinete do Primeiro-Ministro, Chefe de Gabinete do Ministro dos Negócios Estrangeiros, Consultor e Assessor para as Relações Internacionais da Casa Civil do Presidente da República Portuguesa e esteve na missão Permanente de Portugal junto da ONU. Foi Ministro-Conselheiro na Embaixada de Portugal em Madrid, entre 1999 e 2002. Desde então, foi Embaixador de Portugal em Cabo Verde, Angola, Brasil e Itália.

Gilvan Müller de Oliveira

Graduou-se em Linguística pela Universidade Estadual de Campinas em 1985. Concluiu o mestrado em Linguística Teórica, Filosofia e História na Universidade de Konstanz, Alemanha, em 1990, sob a orientação de Peter Auer. Finalizou o doutorado em Linguística na Universidade Estadual de Campinas em 2004, sob a orientação de Ataliba Castilho. De 2002 a 2010 coordenou o Instituto de Investigação e Desenvolvimento em Política Linguística (IPOL), de Florianópolis, e entre 2010 e 2014 respondeu pela Direção Executiva do Instituto Internacional da Língua Portuguesa (IILP), da Comunidade dos Países de Língua Portuguesa (CPLP), situado em Cabo Verde.

Gonçalo de Barros Carvalho e Mello Mourão

Formado em Letras Clássicas/Grego na Universidade Federal do Rio de Janeiro. Ingressou na carreira diplomática por concurso direto em 1975. No Itamaraty, em Brasília, foi Diretor do Departamento da América Central e do Caribe e Diretor-Geral do Instituto Rio Branco do Ministério das Relações Exteriores. No exterior, serviu nas Embaixadas do Brasil em Roma, Argel, Londres, Assunção, Paris e Lisboa, foi Encarregado de Negócios no Haiti, Embaixador na Dinamarca e na Lituânia, Representante Permanente junto à Comunidade dos Países de Língua Portuguesa (CPLP), em Lisboa, e Representante Especial junto à Conferência do Desarmamento em Genebra. Atualmente é Coordenador Adjunto do Grupo de Trabalho do Itamaraty para as celebrações do Bicentenário da Independência.

José Anchieta da Silva

Advogado. Mestre em Direito Comercial pela Faculdade de Direito da Universidade de Minas Gerais (UFMG). Doutorando em Ciências Jurídico-Empresariais na Faculdade de Direito da Universidade de Lisboa e especialista em História do Direito pela mesma Faculdade. Presidente da Academia Mineira de Letras Jurídicas (seu atual presidente). Presidente da Associação dos Amigos da Academia Mineira de Letras (AMIGOS). Presidente da Associação Comercial de Minas (ACMINAS) – seu atual presidente.

Luís Kandjimbo

Mestre em Filosofia Geral e Doutorado em Estudos de Literatura pela Universidade Nova de Lisboa, atualmente é Professor Associado da Universidade Óscar Ribas, Luanda. Orienta seminários nos Cursos de Pós-graduação da Faculdade de Ciências Sociais da Universidade Agostinho Neto. É investigador no Instituto de Estudos de Literatura e Tradição da Faculdade de Ciências Sociais e Humanas da Universidade Nova de Lisboa. As suas principais áreas de interesse científico concentram-se em torno dos Estudos Literários, Antropologia, Ética da Crítica, Filosofia da Literatura, História, Linguística e Literaturas Africanas. É igualmente membro do Comité Científico Internacional da UNESCO para a Redação dos volumes IX, X e XI da História Geral de África. Do conjunto da sua produção científica e literária destacam-se várias publicações entre artigos e capítulos, publicados em livros e revistas de circulação internacional com arbitragem científica. Participou em vários eventos científicos internacionais.

Manuel Clarote Lapão

Mestre em Desenvolvimento Social e Económico em África, pelo Instituto Superior de Ciências do Trabalho e da Empresa (ISCTE) – Instituto Universitário de Lisboa, em 1996. Pós-graduado em Estudos Africanos, pelo ISCTE, em 1995. Licenciado em Ciências do Desenvolvimento e Cooperação, pela Universidade Moderna, em 1993. Entre 1993 e 1996, desempenhou funções de Técnico Superior, da Direção Multilateral, do Instituto da Cooperação Portuguesa, do Ministério dos Negócios Estrangeiros. Entre 1993 e 2004, foi professor na Universidade Moderna de Lisboa, nas Licenciaturas de Desenvolvimento e Cooperação, Gestão do Desenvolvimento e Estudos Europeus, tendo lecionando cadeiras ligadas aos temas do Desenvolvimento, Cooperação e Economia Internacional. Desde novembro de 2007 é o Diretor de Cooperação no Secretariado Executivo da Comunidade dos Países de Língua Portuguesa (CPLP), coordenando globalmente todos os projetos e setores de atividade do Pilar de Cooperação.

Maria Ângela Carrascalão

Docente de Direito Internacional da Faculdade de Direito da Universidade Nacional Timor Lorosa´e, (UNTL). Doutoranda em Ciências Jurídico-Políticas na Faculdade de Direito da Universidade de Lisboa (FDUL). Mestre em Direito pela UNTL e licenciada pela mesma Universidade. Advogada e formadora pedagógica no Centro de Formação Jurídica e Judiciária de Timor-Leste. Decana da Faculdade de Direito, foi Ministra da Justiça do VII Governo Constitucional, Vice-Presidente do Conselho Superior da Magistratura Judicial.

Maria do Carmo Trovoada Silveira

Formada em economia na Universidade de Donetsk, em administração pública na Escola Nacional de Administração (ENA) de Strasbourg e doutorada em desenvolvimento socioeconómico pelo Instituto Superior de Ciências Sociais e Políticas (ISCSP) da Universidade de Lisboa. Foi Primeira-ministra de São Tomé e Príncipe, Chefe do Governo e Ministra do Plano e Finanças e, por duas vezes, nomeada Governadora do Banco Central. Entre 2017 e 2018 exerceu as funções de Secretária Executiva da Comunidade de Países de Língua Portuguesa (CPLP) e, atualmente, é Conselheira Económica do Presidente da Comunidade Económica dos Estados da Africa Central (CEEAC). Integra a lista das 100 personalidades mais reputadas de África da *Reputation Poll* 2020.

Mário Máximo

Autor de vasta bibliografia em poesia, romance, teatro, crónica, conto e ensaio. Entre seus livros estão "Antologia – Poemas Escolhidos – 30 Anos de Poesia" (Edições Fénix, 2016); "O Heterónimo de Camões" (Romance, Edições Fénix, 2017); "A Era dos Versos" (Poesia, Edições Fénix, 2018); "O Diário dos Silêncios" (Romance, Edições Fénix, 2019); "Quarentena ou a Liberdade Dentro de Uma Caixa" (Conto, Edições Fénix, 2020) e o livro "As Portas da Noite" (Poesia, Edições Fénix, 2020). Foi Comissário estratégico da Bienal de Culturas Lusófonas de Odivelas durante dez anos (2006 a 2016). É o coordenador da "Gala Prémios da Lusofonia", bem como do "Fórum Permanente Debates da Lusofonia". Durante cinco anos, foi Presidente da Associação Fernando Pessoa. Foi agraciado com o Prémio Lusofonia 2017.

Murade Murargy

Licenciado em Direito pela Faculdade de Direito de Lisboa, em Portugal. Membro da carreira diplomática em Moçambique, atuou como Conselheiro Jurídico no Gabinete de Estudos, Planificação e Informações até 1980. Neste ano, assumiu o cargo de Diretor para Assuntos Jurídicos e Diretor Nacional de Protocolo, lugares em que permaneceu até 1984. De 1984 a 1985, foi empossado Diretor das Organizações Internacionais e Conferências. Neste mesmo ano, foi nomeado Embaixador Extraordinário e Plenipotenciário na República Francesa e não Residente na República Federal da Alemanha, Confederação Suíça, República da Tunísia, do Gabão, do Mali, da Costa do Marfim, do Senegal, República Islâmica do Irão e da Palestina. Também assumiu funções como Delegado Permanente junto à UNESCO, em Paris, e como Representante Permanente junto das Nações Unidas (ONU), em Genebra, permanecendo nestas funções até 1995. Nos dez anos seguintes, ocupou os cargos de Secretário-Geral da Presidência da República de Moçambique com status de Ministro de Estado. Entre esse ano e Julho de 2012, assumiu o cargo de Embaixador no Brasil, Argentina, Chile, Paraguai, Uruguai e Venezuela. Entre 2012 e 2014, foi o Secretário-Executivo da CPLP.

Vera Duarte Pina

Formada em Direito pela Universidade Clássica de Lisboa. Membro da Academia Caboverdiana de Letras e da Academia de Ciências de Lisboa. Integra o 'World Poetry Movement' e a Unión Hispanomundial de Escritores. É investigadora correspondente do Centro de Humanidades da Universidade Nova de Lisboa e membro do Institut for African Women in Law. Foi Ministra de Educação e Ensino Superior, Presidente da Comissão Nacional para os Direitos Humanos e Cidadania, Conselheira do Presidente da República e Juíza Conselheira do Supremo Tribunal de Justiça.

NOTA DOS ORGANIZADORES

Lauro Moreira e Rogério Faria Tavares

O presente volume celebra o primeiro quarto de século da Comunidade dos Países de Língua Portuguesa (CPLP) na certeza de que a instituição já conquistou um lugar definitivo no quadro das organizações internacionais.

Fruto do espírito visionário do Embaixador José Aparecido de Oliveira, devidamente homenageado neste livro (em artigo de Angelo Oswaldo de Araújo Santos), a Comunidade consolidou-se graças à inteligência e ao empenho de corpo expressivo de vários intelectuais, diplomatas e estadistas, todos comprometidos com a causa do idioma de Camões, Machado e Craveirinha, e cientes de seu poder e seu impacto sobre a vida, a economia e a cultura dos territórios nos quais se faz presente.

Idealizada para historiar a trajetória da instituição, a obra que se oferece agora à fruição dos leitores também reverencia a memória do professor Ricardo

Arnaldo Malheiros Fiuza (em artigo de José Anchieta da Silva), antigo assessor da Organização das Nações Unidas para assuntos judiciários do Timor-Leste, na época em que o país afirmou a sua Independência. Assim como a mencionada nação asiática, aqui representada pelo ensaio de Maria Ângela Carrascalão, outros países-membros da CPLP igualmente se fizeram representar neste empreendimento editorial, fornecendo ao público um rico panorama do percurso que trilharam no âmbito da Comunidade.

Domingos Simões Pereira refletiu sobre as relações entre a Guiné-Bissau e a Comunidade. Francisco Ribeiro Telles assinou texto sobre Portugal. Gonçalo de Barros Carvalho e Mello Mourão escreveu sobre o Brasil. Vera Duarte Pina analisou a situação de Cabo Verde. Luís Kandjimbo elaborou o tema de Angola. Maria do Carmo Trovoada Silveira focalizou São Tomé e Príncipe. Murade Murargy depôs sobre Moçambique.

Um dos pilares da CPLP, o tema da cooperação mereceu dois textos de primeira linha. Um, de Manuel Clarote Lapão, versa sobre seus aspectos gerais. Outro, de Mário Máximo, centra-se no campo da Educação e da Cultura. O Instituto Internacional da Língua Portuguesa (IILP), sediado na Cidade da Praia, foi o objeto do interesse de Gilvan Müller de Oliveira, seu antigo dirigente. Os antecedentes da CPLP e seus primórdios mobilizaram os conhecimentos de Caio Boschi.

Na intenção de gerar fonte segura e duradoura de pesquisa e consulta, e certa de seu valor documental e histórico, a Editora Del Rey não titubeou em acolher a proposta de lançar este livro, que já nasce como obra de referência. Ao seu diretor, Arnaldo Oliveira, e à senhora Letícia Neves, coordenadora, manifestamos nossa profunda gratidão. Tal sentimento alcança, ainda, o time de revisores, diagramadores, capistas e vendedores do livro. Sem o rigoroso trabalho de cada um deles, o volume que agora circula pelo mundo não teria saído do plano das ideias.

Concebido pela mais que centenária Academia Mineira de Letras, entidade sediada em Minas Gerais, Brasil, *Nos vinte e cinco anos da CPLP* nasceu para informar e inspirar dirigentes e funcionários da Comunidade e das instituições que com ela dialogam, para auxiliar professores e estudantes de Direito Internacional e de Relações Internacionais, de História e Geografia, mas também para viajar a todo sítio em que haja interesse por essa Organização erguida em torno e a partir da Língua Portuguesa, milagre global e patrimônio da humanidade, chama acesa e cada dia mais forte nos quatro cantos do planeta.

Que os olhos que agora começam a ler este livro tenham o mesmo prazer de que desfrutamos ao organizá-lo.

Boa leitura!

SUMÁRIO

Segunda Parte

HOMENAGEM A JOSÉ APARECIDO DE OLIVEIRA

– o engenheiro da CPLP

Angelo Oswaldo de Araújo Santos

José Aparecido de Oliveira nasceu em Conceição do Mato Dentro – MG, em 17 de fevereiro de 1929, mais precisamente no distrito municipal de São Sebastião do Rio Preto, onde a mãe, Aracy Pedrelina de Lima Oliveira, exercia o magistério. Passou a infância na cidade a que dedicou verdadeira paixão. Sua mãe era prima de Zenaide, com quem se casou o poeta simbolista Alphonsus de Guimaraens, juiz municipal em Conceição. O pai, Modesto Justino de Oliveira, era irmão de Clodomiro de Oliveira, que atuou junto ao Presidente do Estado e da República, Artur Bernardes, incentivando-lhe as posições nacionalistas, em especial no caso da Itabira Iron e as reservas de ferro de Minas Gerais. Tendo perdido o marido em desastre de automóvel ocorrido no centro de Belo Horizonte, Dona Aracy enviou José Aparecido, em 1941, para o internato do Colégio Arquidiocesano, em Ouro Preto. Os estudos foram concluídos no colégio salesiano de Araxá, para onde sua mãe, como professora, se transferira com a família.

Um dos pontos mais significativos, para ele, ao referir-se à sua formação, eram as aulas de língua portuguesa ministradas pelo Cônego José Pedro Mendes Barros, o Padre Mendes, no Arquidiocesano de Ouro Preto. Certo de que o idioma de cultura constitui-se em singular patrimônio, José Aparecido desde sempre entendeu que havia um imenso território político a ser trabalhado, em termos diplomáticos, visando a integração dos povos lusofalantes.

Muito jovem, instalou-se em Belo Horizonte e passou a trabalhar como jornalista, tanto em rádio como em diversos veículos impressos, causando forte impressão pelo talento. Em 1953, em Santiago do Chile, representou o Brasil no I Congresso Mundial de Jornalistas e foi o orador principal do encontro. Eleito prefeito da capital mineira, o engenheiro Celso Melo Azevedo levou José Aparecido para o seu gabinete, onde teve início a irradiação política do jovem jornalista. Ele teria desempenho decisivo na articulação da candidatura vitoriosa do deputado federal e banqueiro José de Magalhães Pinto ao governo do Estado. Mais ainda cresceu o seu protagonismo ao ser alçado ao quadro nacional pelo candidato Jânio Quadros (1917-1992), simultaneamente consagrado pelas urnas de 1960. Ambos se conheceram no curso da campanha, e a desconfiança inicial do jornalista com relação à figura peculiar do postulante à presidência do Brasil logo transformou-se na amizade que os dois cultivariam para sempre.

O breve período do governo Jânio Quadros, em 1961 – apenas sete meses, encerrados pela surpreendente renúncia, em 25 de agosto –, foi impactado, na sua abertura, pelo sequestro do navio português *Santa Maria* pelo Capitão Henrique Galvão, em protesto contra Salazar. A ação aconteceu em águas brasileiras, exatamente na véspera da posse de Jânio Quadros, e implicou tomada de posição do governo federal. Ao atuar como secretário particular do presidente da República, outras não foram as posições de José Aparecido, com vistas ao quadro exterior, que as ditadas pela inquietação face ao papel do Brasil diante dos desafios da ditadura salazarista e da natural aspiração das colônias africanas e asiáticas no rumo da independência. Aparecido teve ingerência efetiva na diplomacia. O cronista Rubem Braga foi indicado embaixador no Marrocos por iniciativa dele, e o jornalista Carlos Castello Branco viu-se igualmente recrutado para um posto a que a renúncia do presidente pôs termo. Alimentado pelas ideias do filósofo e poeta português Agostinho da Silva (1906-1994), Aparecido estimulou o Presidente Jânio Quadros a olhar diferentemente para o continente africano e, nessa mirada, antever a independência de Angola, Moçambique, Guiné-Bissau, Cabo Verde e São Tomé e Príncipe, alcançando a Ásia, com Timor Leste, Macau e Goa.

Agostinho da Silva, perseguido pelo ditador Salazar e instalado no Brasil, aqui teve condições de desenvolver algumas atividades que repercutiram na área acadêmica e nos meios intelectuais. Fundou o Centro de Estudos Afro-Orientais na Universidade Federal da Bahia e participou da criação da Universidade de Brasília, a convite de Darcy Ribeiro, que o admirava. No bojo de sua prodigiosa imaginação, em que filosofia e poesia se fartavam de fascinantes releituras do milenarismo português, tendo ao centro o desejado Dom Sebastião e a palavra mágica do Padre Antônio Vieira, Agostinho despertava o interesse para "o império sincrético e desmilitarizado" da língua portuguesa, ao enfatizar as potencialidades do Brasil, como um verdadeiro continente com uma população miscigenada, no sentido de liderar os povos lusófonos. Para José Aparecido, "Agostinho da Silva está na base da formação da moderna política externa dos países de língua portuguesa, incluindo o Brasil". E sintetiza: "Foi ele o grande filósofo da lusofonia".

Como deputado federal eleito em 1962, essas matérias continuaram a merecer a atenção dele. Cassado na primeira lista de supressão de direitos políticos editada pelo governo militar, em 1964, José Aparecido conseguiu sobreviver sem o oxigênio imprescindível da política, inventando novos modos de respirar. Interpelou o arbítrio no Supremo Tribunal Federal, por intermédio do célebre advogado e defensor dos direitos humanos Heráclito Fontoura Sobral Pinto. Graças à capacidade extraordinária de manter-se na plenitude do ser político, superou restrições e obstáculos, fazendo política em tempo integral. Ao completar dez anos de perda dos direitos políticos, viu prorrogada infinitamente a sentença, mas lançou, em 1974, a campanha pela preservação da cidade de Serro, berço de seus ancestrais e de líderes republicanos como Teófilo Otoni e João Pinheiro. A defesa do patrimônio histórico permitia-lhe defender os direitos civis e a redemocratização do país.

Em 1982, reconduzido à Câmara Federal como o segundo deputado mais votado de Minas Gerais, foi convidado pelo então governador eleito, Tancredo Neves, para criar e assumir a Secretaria de Estado de Cultura. Na Casa da Ópera de Ouro Preto, o teatro mais antigo em funcionamento ininterrupto nas Américas (aberto em 6 de junho de 1770), o titular da pasta mineira da Cultura reuniu um grupo de colegas, em 1983, a começar pelo secretário de Ciência e Cultura do Estado do Rio de Janeiro e ao mesmo tempo vice-governador, Darcy Ribeiro. Criaram, assim, o Fórum Nacional de Secretários de Estado de Cultura, que passou a causar forte impacto nos ambientes culturais e políticos. A reconstrução da democracia e a criação do Ministério da Cultura, a fim de implementar uma política federal de apoio impressivo às mais diversas atividades do setor, foram as metas que animaram o Fórum, reunido em várias capitais brasileiras.

Ao mesmo tempo, José Aparecido mobilizou expressivas representações políticas em eventos que cadenciavam a progressão do movimento democrático e cultural. No antigo Colégio Caraça, ele reuniu personalidades como o Presidente da Academia Brasileira de Letras, Austregésilo de Ataíde, a fim de que a temática da lusofonia fosse relançada como uma das perspectivas mais importantes do futuro que se anunciava. No Palácio das Artes, em Belo Horizonte, o secretário mineiro e presidente do Fórum promoveu o Encontro Nacional de Política Cultural. Destacou-se a conferência do Professor e ex-Ministro do Planejamento Celso Furtado, que apresentou uma síntese da cultura brasileira, focalizando os desafios da redemocratização e do acesso à criatividade no mundo globalizado.

A eleição indireta de Tancredo Neves, em janeiro de 1985, sensibilizou o Brasil e incentivou a renovação das esperanças. O primeiro nome do Ministério anunciado pelo presidente, em fevereiro, foi o de José Aparecido de Oliveira, na condição de titular da pasta a ser criada para a Cultura. No entanto, hospitalizado na véspera da cerimônia de posse, Tancredo Neves não teve condições de assumir, em 15 de março, o que foi feito pelo Vice-Presidente José Sarney, efetivado no posto com o falecimento do titular, no dia 21 de abril, um domingo de Páscoa e data consagrada às homenagens ao herói nacional Tiradentes, mártir da Inconfidência Mineira. Pouco tempo José Aparecido permaneceu no Ministério da Cultura, no qual já havia tomado medidas no sentido de viabilizar e fortalecer a pasta. O Presidente José Sarney convidou-o para assumir o cargo de governador do Distrito Federal, o único do chamado primeiro escalão para o qual Tancredo Neves não havia designado um nome. O Governador Aparecido visitou Lisboa, em missão cultural, e aprofundou, com Mário Soares

(1924-2017), entendimentos sobre a lusofonia, tendo convidado o pintor português Júlio Pomar para fazer um painel de azulejos em Brasília. O escritor António Alçada Baptista (1927-2008), seu amigo, foi presidente da Fundação Oriente, o que proporcionou a ambos um importante diálogo sobre a presença dos portugueses mundo afora e o significado de uma comunidade internacional reunida pela língua comum. O desempenho do governador de Brasília foi decisivo nas jornadas da União das Cidades Capitais Luso-Afro-Américo-Asiáticas, UCCLA, nela vendo, como disse o ex-Presidente da Câmara de Lisboa, Nuno Krus Abecasis, "a primeira concretização de uma associação operativa e promissora e não mais duvidou de que seria possível dar um passo mais à frente".

José Aparecido voltaria ao Ministério da Cultura em agosto de 1988, quando Celso Furtado entregou a pasta ao presidente da República. Sarney convocou Aparecido para recuperar a missão inicial, enquanto oferecia o governo de Brasília a Joaquim Roriz, um político de Goiás que adotaria medidas populistas no Distrito Federal, pondo fim às posturas com as quais Aparecido pretendera resgatar o projeto original dos arquitetos Lúcio Costa e Oscar Niemeyer. Mas o retorno teve um caráter providencial, ao ensejar ao Ministro José Aparecido a oportunidade de pôr em prática uma das tarefas que sempre estiveram em sua mente, qual seja o lançamento de uma política de integração cultural dos países de língua portuguesa.

Em São Luís do Maranhão, assinalando não só a cidade do Presidente José Sarney, como a capital do Estado em que se fala, segundo a tradição, o melhor português do Brasil, o ministro da Cultura promoveu, em 1989, um grande encontro internacional para marcar o lançamento do projeto da Comunidade dos Países de Língua Portuguesa. Decidiu-se pela criação do Instituto Internacional da Língua Portuguesa para a melhor concertação dos países lusófonos. Essas construções, que pareceriam submeter-se a nova frustração, com a posse do Presidente Fernando Collor de Mello e sua devastadora política cultural, ganharam condição prioritária logo a seguir, com a chegada do Vice-Presidente Itamar Franco à presidência da República, no final de 1992.

Amigo de sempre do Presidente Itamar Franco, José Aparecido poderia ter sido o ministro das Relações Exteriores, não fossem os problemas de saúde que o impediram de aceitar, naquele instante, o posto de chanceler. Contribuiu, então, para a escolha do Embaixador Celso Amorim. Da mesma forma, poderia ter sido o candidato oficial à sucessão de Itamar, como revelou o jornalista Mauro Santayana, não fosse o consenso que ele próprio ajudou a formar à volta do nome do Ministro da Fazenda Fernando Henrique Cardoso.

Aparecido aceitou, porém, a indicação para a Embaixada do Brasil em Lisboa, em janeiro de 1993, na certeza de que estava ali o local estratégico para a definitiva implantação da Comunidade dos Países de Língua Portuguesa, CPLP, entendida como um foro privilegiado para o estabelecimento de agenda de amizade e cooperação envolvendo os países lusófonos. Em 12 de janeiro, entrou em vigor a União Europeia, com a participação de Portugal, e em março o Embaixador Aparecido obteve do Presidente Itamar Franco a aprovação da proposta de criação da CPLP e deu início às gestões, em nome do governo brasileiro. Na Estrada das Laranjeiras, entre painéis azulejares como pano de fundo das conversações intermináveis, o representante do Brasil teceu a rede em que se conectariam os oito países lusófonos, muitos dos quais visitou nesse período, chegando mesmo a enfrentar situações de sítio e atravessar zonas militares de alto risco. Exerceu, em Lisboa, com mestria, a mesma arte que o consagrou no Brasil, a arte de fazer amigos. Na imprensa portuguesa, era uma unanimidade.

Foi em 28 de março de 1993 que o embaixador chegou à Guiné-Bissau, abrindo a série de viagens aos países africanos em busca de adesão à causa da CPLP. Depois de estar com o Presidente José Bernardo "Nino" Vieira, rumou em abril ao encontro do Presidente Miguel Trovoada, em São Tomé e Príncipe. Em maio, visitou o Presidente de Cabo Verde, Antônio Mascarenhas Monteiro. Depois, desembarcou em Luanda, recebido pelo Presidente José Eduardo dos Santos, e em Maputo para estar com Joaquim Chissano, Presidente de Moçambique. Reuniões, cimeiras, conferências e encontros entre os presidentes, ministros de Relações Exteriores e embaixadores desdobraram-se, intensamente, até ao ato final de criação da CPLP, em 17 de julho de 1996.

Ao levar o Presidente Mário Soares à Embaixada do Brasil, em 7 de setembro de 1994, a fim de inaugurar o busto do Tiradentes, obra do escultor Bruno Giorgi, o embaixador promoveu, dessa forma e pela palavra de Soares, a reabilitação histórica do alferes Joaquim José da Silva Xavier, declarado infame pela Rainha Maria I na sentença capital de 1792. Chefe do Estado português, Mário Soares lembrou que, sendo um brasileiro do século XVIII, Tiradentes era português e, em sendo português, só podia sonhar com a liberdade. Em Coimbra, Aparecido proferiu o *laudatio* da cerimônia acadêmica de doutoramento *honoris causa* do Monsenhor Carlos Filipe Ximenes Belo, timorense, bispo de Díli e prêmio Nobel, chamado então pelo embaixador brasileiro de "figura universal na liderança de um povo mártir". Outra iniciativa de imensa repercussão foi o entendimento com a poeta portuguesa Maria da Saudade Cortesão Mendes, viúva do poeta Murilo Mendes e filha do historiador Jaime Cortesão, no sentido da transferência do notável acervo de artes plásticas e da biblioteca do grande intelectual mineiro para sua cidade natal, Juiz de Fora, coleções hoje integrantes do Museu Murilo Mendes, da UFJF.

O governo Itamar Franco, sob a grata aprovação da opinião popular, terminou em 31 de dezembro de 1994. O candidato eleito graças à unção do Palácio do Planalto, na onda do reconhecimento ao êxito de Itamar e do Plano Real, descuidou dos acertos definidos quanto à união lusófona. O chanceler do Presidente

Fernando Henrique foi o Embaixador Luís Felipe Lampreia (1941-2016), que Itamar Franco havia removido de Lisboa ao escolher para o posto o Embaixador José Aparecido de Oliveira. Lampreia, sentado na cadeira de Rio Branco, encerrou a missão de José Aparecido. Apesar dos apelos do Presidente Mário Soares ao Presidente Fernando Henrique Cardoso, entre tantas manifestações na mesma linha, o Itamaraty preferiu outra solução.

Mário Soares propôs que o Brasil assumisse a secretaria-geral da CPLP com Aparecido, mas o Chanceler Lampreia considerou indispensável a obediência à ordem alfabética, de maneira que Angola tivesse a primazia. Findo o mandato de dois anos, Lampreia lembrou o direito de reeleição e votou pela recondução do representante angolano, o que encerrou a última possibilidade de presença de José Aparecido em Lisboa para o coroamento da obra. Demais, o governo convidou Dulce Maria Pereira, de São Paulo, filiada ao Partido dos Trabalhadores e ligada ao Movimento Negro, para ser a representante brasileira na CPLP, obtendo a sua desfiliação partidária, tal como ocorrera com a adesão do Ministro da Cultura Francisco Weffort.

Impedido de trabalhar em Lisboa, como embaixador junto à CPLP, José Aparecido aceitou o convite de Itamar Franco, eleito governador de Minas Gerais em 1998, para atuar como seu assessor internacional. Do Palácio da Liberdade, continuou a aglutinar ações favoráveis ao destino da CPLP e à participação efetiva de

Timor-Leste. Suas gestões nessa linha foram consideráveis, já que o Planalto e o Itamaraty não demonstravam maior atenção para com uma pauta da nova Comunidade.

Certa vez, estando em Brasília com o ministro do Exterior de Portugal, Durão Barroso, José Aparecido lhe disse ser impossível que não conhecesse as cidades históricas de Minas Gerais, pela forte herança portuguesa plasmada na traça da arquitetura e nos costumes culturais. A bordo de um pequeno avião, em um só dia, eles visitaram Diamantina, Serro e Conceição do Mato Dentro. Pousando na Pampulha, seguiram de carro para Ouro Preto. Apaixonado pelas cidades históricas, a começar pela sua Conceição do Mato Dentro, ele recordava páginas do escritor português Vitorino Nemésio (1901-1978), que na década de 1950 atravessou Minas Gerais e escreveu o livro *O segredo de Ouro Preto*.

José Aparecido de Oliveira faleceu em Belo Horizonte, em 19 de outubro de 2007. Era um lusófono perfeito, chamado de monoglota pelos despeitados críticos de sua passagem pelo Itamaraty. Não falava outras línguas, o que era desnecessário para uma personalidade intuitiva, perspicaz, irônica e brilhante, tal como a dele, mas entendia perfeitamente uma conversação em francês, conforme teve ocasião de demonstrar ao receber diversas missões, inclusive as que contaram com a presença do Presidente François Mitterrand e do seu Ministro da Cultura Jack Lang, e as que ele presidiu em Paris, Madri, Roma e Nova York.

Gostava de dizer-se uma obra de engenharia médica, pelas várias operações cirúrgicas a que foi submetido, mas, em verdade, ele é o grande autor de uma obra singular de engenharia diplomática, que foi a construção da Comunidade dos Países de Língua Portuguesa. Com engenho e arte, José Aparecido de Oliveira realizou, em grande parte, essa conquista da lusofonia. É credor das homenagens que assinalam o jubileu de prata da Comunidade dos Países de Língua Portuguesa.

HOMENAGEM A RICARDO ARNALDO MALHEIROS FIUZA
– de Ricardo Fiuza, um breviário

José Anchieta da Silva

Ainda que a título de breviário, sumário, sinopse, fazer o panegírico de Ricardo Arnaldo Malheiros Fiuza, jurista, publicista, professor, jornalista, historiador, editor e fotógrafo, um estudante permanente, é tarefa desafiadora. Não há método que resista a enfrentar a sua biografia pela sua dinâmica, tendo, o homenageado, exercido em vida, ao mesmo tempo, atividades e missões variadas, todas levadas a termo emolduradas pela elogiável excelência. Quando nele se procura o jurista, se encontra um publicista maior e um professor reconhecido por sua didática e pela forma amena e amiga com que conduzia os discentes. Quando nele se enxerga o jornalista, brotam também o fotógrafo e o prosador. Historiador de méritos, discorre sobre lugares, pessoas e eventos com arguta pontualidade. Se se vai encontrá-lo no Tribunal de Justiça de Minas, se depara com o exemplo do ativo e realizador funcionário público;

nessa condição, recebeu a Comenda do Instituto dos Advogados de Minas Gerais. Portanto, o melhor que se faz é seguir a sua trilha, desprovido de preocupações metodológicas.

Começando por sua bula, Ricardo Arnaldo Malheiros Fiuza nasceu em Belo Horizonte e se bacharelou em Direito pela Faculdade de Direito da Universidade Federal de Minas Gerais (1960), uma turma que deu ao Brasil magistrados de envergadura, dentre os quais Sálvio de Figueiredo Teixeira e Adhemar Ferreira Maciel. Dedicou-se ao Direito Público, com especializações na Universidade de Évora, na Universidade de Lisboa (clássica), na Universidade de Nova York, na École Nationale de la Magistrature, na França, e no Centro de Estudos Judiciários (instituição do Poder Judiciário português) em Lisboa. Consagrou-se como professor da disciplina "Teoria Geral do Estado" na prestigiada Faculdade de Direito Milton Campos, em Belo Horizonte. Como servidor público, fez carreira no Tribunal de Justiça de Minas Gerais, ali permanecendo por mais de 40 anos, ocupando todos os cargos relevantes no âmbito de sua administração, incluindo-se os de Diretor Cível, Diretor Judiciário, Diretor-Geral e Secretário da Presidência. Foi o primeiro coordenador da Escola Judiciária que viria a se denominar "Escola Judicial Desembargador Edésio Fernandes". Com o sucesso alcançado na construção dos alicerces dessa escola de formação de magistrados em Minas Gerais, foi convidado e deu sua contribuição, no âmbito federal, na criação da Escola

Nacional da Magistratura, da qual foi Diretor Adjunto. Quem disso dá notícia é o seu colega de turma, o Ministro Sálvio de Figueiredo Teixeira, em prefácio-depoimento de obra denominada *Estudos de Direito Constitucional em homenagem a Ricardo Fiuza* (Belo Horizonte: Del Rey, 2009). Foi membro do Conselho de Ética do Estado de Minas Gerais no governo Antonio Anastasia. Membro do Instituto dos Advogados de Minas Gerais, foi, por longo tempo, membro de sua Comissão de Seleção de Associados e, por mais de 20 anos, Diretor da sua Revista, período, registre-se, de extraordinária produção intelectual naquele sodalício. Por todos os lugares onde passou, em todos os cargos que exerceu, Ricardo Fiuza deixou o melhor de si; fazia exatamente o melhor de si; aposentado de seus cargos no Tribunal, foi Editor Adjunto da Editora Del Rey, função que exerceu com inescondível satisfação até a data de seu falecimento. Também ali, a todos impressionava pelo nível de diálogo que permanentemente mantinha com os autores. Sobressai de sua biografia, para gáudio dos mineiros, a sua consultoria às Organizações das Nações Unidas quando da elaboração da Constituição do Timor-Leste independente.

Ricardo Arnaldo Malheiros Fiuza, em saudação proferida no Instituto Histórico e Geográfico de Minas Gerais, ali recebendo o Professor Raul Machado Horta (seu mentor na escolha de sua trilha profissional como professor de Direito Constitucional), disse do homenageado, um cidadão de "muitas casas" (*Revista do Instituto*

Histórico e Geográfico de Minas Gerais, v. XXVI, 2005). Este panegírico toma dele a palavra para dizer que também o próprio Fiuza, assim como o Professor Raul Machado Horta, foi, em vida, um homem de muitas casas. A sua primeira Casa terá sido a [*vetusta*] *Casa de Affonso Penna*, a Faculdade de Direito da Universidade Federal de Minas Gerais, onde se bacharelou; era membro da *Casa de Mendes Pimentel*, o Instituto dos Advogados de Minas Gerais; da Academia Mineira de Letras, *Casa de Alphonsus de Guimaraens*, que é também a *Casa de Vivaldi Moreira*; da *Casa de Montezuma*, o Instituto dos Advogados Brasileiros; e da *Casa de João Pinheiro*, o Instituto Histórico e Geográfico de Minas Gerais; pontificou na *Casa da Justiça Mineira*, o Tribunal de Justiça de Minas Gerais, onde terá sido uma espécie rara de desembargador *ad hoc*; da Academia Mineira de Direito Militar; da Academia Mineira de Letras Jurídicas. Em Portugal, distinguiu-se como Oficial da Ordem do Infante Dom Henrique e como membro do Grêmio Literário de Lisboa. Pela escassez de espaço, por aqui não se ocupará das dezenas de comendas que o homenageado ostenta. Sobre Ricardo Fiuza escreveu Adauto Junqueira Rebouças: *era um escritor consumado e um eterno professor*.

Escrevendo sobre Fiuza, como jurista, literato e mestre, Fernando José Armando Ribeiro, na Academia Mineira de Letras (2019), traz o testemunho de uma concitação que, como professor, Ricardo fazia a seus alunos, dizendo que sua aula era apenas uma pílula, cuja finalidade era a de despertar nos alunos *"a leitura de grandes tratadistas e dos autores clássicos da filosofia política e da teoria do Estado"*. Ainda desse mesmo texto-laudação, o nomeado orador faz uma síntese dos discursos jurídicos de Fiuza em classe, que necessita ser trazido a texto: *"A* [sua] *clareza fora sempre marca inconfundível de seu estilo. Era capaz de abordar temas áridos e abstratos sem cair na cilada dos jargões herméticos, dos estrangeirismos indigestos, dos gongorismos vazios"*. Um dedicado lente, preocupado com a verticalidade científica daquilo que era em classe a sua pregação docente. Um humanista, esse era o Professor Fiuza.

Com vários de seus textos dedicados às coisas de Portugal, terra de seus ascendentes, Fiuza, agora o historiador, em texto inserto na Revista (número 5) do Instituto dos Advogados de Minas Gerais (1999), trabalha a *"História amena da monarquia portuguesa contada através dos 'apelidos' de seus monarcas"*, elencando, um a um, os 33 reis e 2 rainhas, desde a dinastia de Borgonha: iniciada com D. Afonso Henriques, o "fundador" (1137-1185); passando pela dinastia Joanina ou de Avis: com D. João I, o "mestre de Avis" ou "príncipe da boa memória" (1385-1433); pela terceira dinastia: Filipina ou espanhola, com D. Felipe I, "o estrangeiro" (1581-1598); chegando-se à quarta dinastia, a de Bragança, com D. João IV, o "restaurador" (1640-1656), que durou até o término da monarquia com D. Manuel II, o "desventurado" (1908-1910), filho do Rei D. Carlos I, "o gordo" ou o "martirizado", vitimado de emboscada em pleno Terreiro do Passo (1889-1908).

Noutro primoroso texto de sua autoria, *"Pela 'piedade' de sua majestade"* (2014), Ricardo Fiuza promove o resgate histórico da figura de José de Oliveira Fagundes, advogado defensor dos sublevadores da Inconfidência Mineira, fazendo-lhe justiça pelo seu dedicado trabalho na defesa dos condenados, pelo seu conteúdo, resgatando, a propósito, uma preciosidade histórica. Ao advogado Oliveira Fagundes se concederam 24 horas para fazer o recurso em favor dos condenados à morte (inicialmente eram vários). Decidida a execução por enforcamento apenas de Tiradentes, como condenação exemplar, após o último recurso, se lhe concederam apenas 30 minutos para um derradeiro "pedido de vista", tentativa última de evitar a execução. Diante da desabrida confissão praticada pelo próprio Tiradentes, tentava-se uma cabível e desejada comutação de pena *por via da restituição de presos e miseráveis*. Argumentava-se com a realidade do que se passara com a inquisição, quando, diante da confissão do acusado, não se condenava o réu à pena de morte. Naqueles derradeiros 30 minutos, conta a lenda que, enquanto o notável advogado Oliveira Fagundes redigia, às pressas, aquele último apelo, do lado de fora, no largo da Lampadosa, já se ouvia o barulho carapina na construção do cadafalso, prenúncio de que o recurso seria mesmo em vão. Arremata o autor lembrando que o ilustre advogado não abandonou os demais inconfidentes degredados; continuou no patrocínio de suas defesas, obtendo êxito em relação a vários dos demais inconfidentes, com redução de penas e mudança dos locais de seu cumprimento

(*Liberdade, essência de Minas*, edição da Imprensa Oficial de Minas Gerais, Belo Horizonte, 2014).

O seu livro *Toma de Minas a estrada* (1978), foi buscar o título na poesia (Marília Bela), de Tomás Antonio Gonzaga, exatamente no verso:

Toma de Minas a estrada,
Na Igreja Nova, que fica
Ao direito lado, e segue
Sempre firme a Vila Rica

O texto, que é uma espécie de guia Minas Gerais adentro, trata com venerável cuidado lugares e pessoas (Belo Horizonte: Lemi, 1978). Do livro resultou um bilhetinho de Carlos Drummond de Andrade (em 17 de janeiro de 1979) para o autor, nota clara do carinho que um nutria pelo outro, assim redigido, *"Prezado Ricardo Fiuza: Seu 'Toma de Minas a Estrada' é desses livros de que a gente gosta, não só por serem indiscutivelmente úteis, dada a quantidade de informações que acumulam, como ainda porque nos ligam ou religam a coisas e lugares amados. Minas palpita nessas páginas de leitura fácil e sugestiva. Como é que um velho mineiro não haveria de gostar? Obrigado e um abraço cordial de Carlos Drummond de Andrade"*. (O texto é transcrito em outra obra de Ricardo Fiuza, quando homenageia a sua Dores do Indaiá, edição do próprio autor.)

Numa de suas tantas estadas em Lisboa, Ricardo Fiuza, assentado na emblemática cadeira de bronze ao lado de Fernando Pessoa, também em bronze, que se tem em destaque ali no Largo do Chiado, produziu uma exclusiva entrevista intitulada *Conversa/entrevista com Fernando Pessoa* (2. ed ilustrada, Belo Horizonte: Del Rey, 2014). A originalidade do livro está na constatação de que o autor, de fato, dialoga com o poeta português. Esse diálogo só foi possível porque o entrevistador realmente conhecia a obra de Fernando Pessoa, de modo que a entrevista foi tramada e organizada a partir das respostas contidas nos poemas de Pessoa. Fiuza, inteligentemente, promovia as perguntas para as quais a obra do escritor português oferecia a resposta. A título de testemunho (uma contraprova), adota-se a primeira das perguntas (e sua resposta) logo na abertura do livro. Ricardo Fiuza abre o diálogo com Fernando Pessoa:

> *Peço-lhe vênia e sento-me ao seu lado, solicitando ao garçom duas bicas. E, assim, começamos nossa conversa-entrevista: eu, em prosa, e ele, em verso. Princípio provocando-o pelo lendário ULYSSES que teria sido (e nunca foi) o fundador de Lisboa.*

Para a pergunta, a obra de Fernando Pessoa já tinha a resposta, que o texto reproduz:

> *Este, que aqui aportou,*
> *Foi por não ser existindo.*
> *Sem existir nos bastou.*
> *Por não ter vindo foi vindo*
> *E nos criou.*

Noutra obra, *O passarinho de Lisboa* (Belo Horizonte: Rona, 1984), o autor penetra a alma da vida portuguesa e, num variado dissertar, traz à lembrança o fato de ter reinado em Portugal uma rainha brasileira, nascida no Paço de São Cristóvão, no Rio de Janeiro, sua majestade Maria da Glória, filha de Pedro I (no Brasil e Pedro IV em Portugal) e de Maria Leopoldina. Traz, ainda, pequeno vocabulário luso-brasileiro, apontando a nossa língua pátria, *última flor do Lácio, inculta e bela*, na expressão de Olavo Bilac, como é falado pela gente comum, em Portugal e no Brasil.

Outra memorável aula de história se recolhe de seu texto *Direito diamantino*, discorrendo sobre a saga na busca do diamante no arraial do Tejuco, com território demarcado (1730) e vida própria, uma ilha administrativa, um enclave dentro da capitania de Minas. Estabeleceu-se ali o regime dos contratos na exploração do diamante, resultando na figura do "contratador de diamantes", que, ao lado do intendente local, formava a dupla de autoridades dificultando o seu controle pelo Conde de Galveias, que governava a região das Minas a partir da longínqua Vila Rica. O texto traz informações gerais a respeito daquilo que ficou conhecido como o "Regimento Diamantino", uma verdadeira "constituição diamantina", resultante naquele famoso "livro da capa verde", que viria a ser queimado em praça pública (1821) em folguedo popular, festejando a adoção da monarquia constitucional pelo reino português. O terrível regimento, um código de restrições, de extorsão e de punições, criava o "bilhete de permanência", sem o qual sequer se poderia transitar naquela região mineradora, habitada por brasileiros, portugueses, escravos, todos à busca da preciosíssima pedra. O regimento autorizava a busca de pessoas, com apreensões sem mandado; prestigiava as denúncias anônimas nas paragens daquele distrito do Serro Frio. Uma aula de história.

Nascido em Belo Horizonte, Ricardo Fiuza escreveu o já citado *Dores do Indaiá, minha terra* (2016), sendo, do lugar, um reconhecido filho adotivo, e tendo recebido daquela municipalidade o justíssimo título de cidadão honorário.

Escreveu ainda, o próprio, *Ricardo Arnaldo Malheiros Fiuza*: um tirador de retratos (2010), um livro de arte, com todos os requintes das obras do tipo; do mesmo gênero, escreveu *Ouro Preto, câmera, coração* (2011), fotos e textos. Escreveu *O Centenário do Tribunal de Justiça de Minas Gerais*: memórias históricas das comemorações (Belo Horizonte: Serviço Gráfico do Tribunal de Justiça de Minas Gerais, 1974). O homenageado, como se vê, cuidava com o mesmo interesse e cumplicidade dos grandes temas da história, fazendo-o também e caprichosamente em relação aos temas do dia a dia de sua vida e da vida dos lugares que lhe eram caros.

Dentre as obras de Ricardo Fiuza como jurista, sobressai a que a comunidade jurídica considera o seu clássico, *Direito Constitucional comparado* (obra editada pela Del Rey e que já está na sua 5ª edição, 2017). Da obra, pelo significado da empreitada, merece destaque o capítulo 20, de leitura obrigatória, porque nele se contém a participação do homenageado na construção da Constituição daquele Timor-Leste liberto. A melhor forma de fazê-lo, de maneira amostral, é claro, é ouvindo Fiuza, segundo ele próprio: *"No dia 13 de janeiro de 2000, fui contratado pela ONU – Organização das Nações Unidas como 'consultor de assuntos judiciais', com a finalidade específica de cooperar na redação de normas judiciárias para o TIMOR-LESTE, pequenina e heroica terra que, após 25 anos de sofrimento atroz e resistência obstinada, conseguia sua separação da Indonésia em 1999, graças ao plebiscito organizado e administrado pela ONU"*. O autor da obra informa ter levado para aquele país a experiência vivida na Escola Judiciária Desembargador Edésio Fernandes, criação do Tribunal de Justiça de Minas, da qual tinha sido ele, Ricardo Fiuza, o primeiro coordenador. Fala da nação leste-timorense, do plesbicito, da intervenção da ONU, da Constituição, da assembleia constituinte que se convolou em parlamento nacional, do novo Estado e de seus três Poderes (Executivo, Legislativo e Judiciário), de seu sistema de justiça e do controle de constitucionalidade de suas leis.

O autor destas notas teve o gratíssimo privilégio de conviver, com alguma intensidade, com Ricardo Arnaldo Malheiros Fiuza. Este panegírico é pouco para revelar o respeito e a gratidão que se tem pela figura do homenageado, naquela relação amiga e intensa. Foi Ricardo Fiuza quem nos apresentou ao Professor Jorge Miranda, então Diretor da Faculdade de Direito da

Universidade de Lisboa, de cuja relação resultou um proveitosíssimo curso de doutoramento. Enquanto presidente do Instituto dos Advogados de Minas Gerais, tivemos a constante companhia de Ricardo Fiuza, então integrante da Comissão de Seleção de Associados, função que cumulava com a de Diretor da Revista da Instituição (por mais de 20 anos). No magistério, tivemos a gratíssima alegria de dele ser colega no corpo docente da Faculdade de Direito Milton Campos, mirando sempre, todos nós, jovens professores, na sua experiência, dedicação e trato com os alunos. As edições dos livros de celebração de 20 e, depois, de 25 anos de advocacia da banca que dirigimos contaram com a coordenação de Fiuza, sendo, também de sua lavra a "quarta capa" desses dois volumes, bem como a do livro *Palavra de advogado*. Fiuza era um requisitadíssimo prefaciador de obras e adorava escrever aquilo que chamava de "quarta capa", exatamente a última demão informativa do conteúdo, posto, exatamente ali, no verso da última capa, como uma lanterna na popa da obra publicada.

Há, todavia, nessa relação pessoal entre este escriba e o homenageado Ricardo Fiuza um fato que necessita ser revelado, como demonstração da independência, do livre pensar e do vivo interesse pelo debate, nutridos por Ricardo Fiuza, um traço de sua personalidade. Quando, no Brasil, ascendeu o debate sobre a reforma de dispositivo constitucional para nela abrigar o que viria a ser a adoção da "súmula de efeito vinculante" de julgados, apressamo-nos em escrever a respeito, manifestando, exatamente, pensamento contrário à adoção de tais súmulas vinculantes. O livro viria a ser publicado pela Editora Del Rey (1998). Sabendo, embora, ser o Professor Ricardo Fiuza um ardoroso defensor da instituição de tais súmulas, amante do debate, tivemos a ousadia de consultá-lo sobre a possibilidade de obter dele o prefácio para o nosso livro, que adotou o título *A súmula de efeito vinculante amplo no direito brasileiro*: um problema e não uma solução. Era, percebe-se, uma crítica ao instituto, nele não vendo solução para os graves problemas da jurisdição brasileira. Ricardo Fiuza aceitou fazer-lhe o prefácio, na verdade um contraponto ao trabalho escrito, um não prefácio (um prefácio que desdizia o conteúdo prefaciado), o que "animou" o debate e aumentou o prestígio da pequena obra. Esse era o Ricardo Arnaldo Malheiros Fiuza. Como sabido, a súmula de efeito vinculante veio a ser adotada e as mazelas do judiciário brasileiro continuam as mesmas.

O homenageado, Ricardo Arnaldo Malheiros Fiuza, como jurista, professor, jornalista, historiador, homem da cultura na mais legítima expressão do termo, tem, definitivamente, assento marcado na História de Minas e do Brasil.

Primeira Parte

ANTECEDENTES HISTÓRICOS DA CPLP
– primórdios da Comunidade

Caio Boschi

Parte da literatura especializada e dos veículos de comunicação social tem fixado os antecedentes da Comunidade dos Países de Língua Portuguesa – CPLP em tempos bem recuados. Logo após a emancipação política do Brasil, ou ainda reportando-se, dentre outras manifestações, à conferência proferida por Sílvio Romero, em maio de 1892, no Gabinete Português de Leitura, do Rio de Janeiro; à formação de uma federação ou comunidade luso-brasileira, sob as instâncias da Sociedade de Geografia de Lisboa, quer nos albores do século XX, quer nos anos 1960. Nesse caso, saliente-se, resultando na adoção, em 1967, do 22 de abril como o Dia da Comunidade Luso-Brasileira.

Em idêntica perspectiva, são arrolados o I e o II Congressos das Comunidades de Cultura Portuguesa, realizados em Lisboa, em 1964, e em Moçambique, no ano de 1967, onde, por iniciativa de Adriano Moreira, foi esboçada a criação de uma Organização Mundial das Comunidades Portuguesas.[1]

Recorde-se, ademais, a muito difundida ideologia da luso-tropicalidade, engendrada e propagada por Gilberto Freyre. Ou seu corolário, a africanidade cultural brasileira, implementada ao longo do tempo sob a forma de uma expressão da cultura afro-luso-brasileira e conceituada por Sombra Saraiva como "discurso culturalista" de base freyreana, acriticamente elaborado pelos atores da política exterior do Brasil que, em última análise, "acreditavam na natural receptividade africana aos acenos brasileiros de solidariedade cultural e política".[2]

Com efeito, não faz sentido buscar as raízes e os antecedentes da CPLP antes da década de 1970, visto que o organismo pressupõe que seus integrantes tenham personalidade própria e definida, o que, para o caso das nações africanas, sabidamente só se explicita ao livrarem-se do estatuto colonial. Ou seja, as referências anteriores,

1 MOREIRA, Adriano. Solidariedades horizontais. *In*: MOREIRA, Adriano (coord.). *Comunidade dos Países de Língua Portuguesa*: cooperação. Coimbra: Almedina, 2001. p. 14-16; FEIJÓ SOBRINHO, Pedro da Silva. *Comunidade dos Países de Língua Portuguesa*: institucionalização e relações culturais, político-diplomáticas e econômicas. Rio de Janeiro: Revan, 1997. p. 46.

2 SARAIVA, José Flávio Sombra. *África parceira do Brasil atlântico*: relações internacionais do Brasil e da África no início do século XXI. Belo Horizonte: Fino Traço, 2012. p. 19. Sobre a formulação do conceito, seus equívocos e inconsistências, *vide* a mesma obra, em especial p. 110, nota 1.

como não poderia deixar de ser, contemplavam apenas dois países, Portugal e Brasil.

Significa constatar, pois, que a persistência da condição colonial da maioria dos seus futuros membros obstava a propositura da Comunidade, que ainda aguardaria duas décadas para corporificar-se.[3] Fora de cogitação, portanto, o advento de uma CPLP sem a independência soberana e a plena vigência das instituições democráticas nos países africanos de língua portuguesa.

Nomeado em novembro de 1992, o político e jornalista José Aparecido de Oliveira ocupava a Embaixada do Brasil em Lisboa desde janeiro de 1993, quando recebeu convite do Presidente da República Itamar Franco para regressar ao Brasil e investir-se nas funções de ministro das Relações Exteriores. Problemas de saúde, todavia, levaram-no a declinar. Nesse ínterim, o embaixador deu início à implementação de projeto por ele há muito acalentado. Acompanhava-o desde que, secretário do Presidente Jânio Quadros, em 1961, unira-se ao antropólogo e reitor Darcy Ribeiro e ao professor e filósofo Agostinho da Silva para a implantação, na recente Universidade de Brasília, de um pioneiro centro de estudos afro-asiáticos. Na essência da proposta, a língua portuguesa, patrimônio comum a vários povos, devia ser qualidade propulsora para o estreitamento dos vínculos

---

3 SANTOS, Juliana Soares. CPLP: gênese e instituições. *In*: SARAIVA, José Flávio Sombra (org.). *Comunidade dos Países de Língua Portuguesa* – CPLP: solidariedade e ação política. Brasília: Instituto Brasileiro de Relações Internacionais, 2001, p. 20-21.

afetivos e históricos existentes entre eles, aspiração que carecia de ser pronta e efetivamente operacionalizada. O idioma comum lastrearia uma idealizada Comunidade dos Países de Língua Portuguesa, expressão institucional, naquele momento, de 200 milhões de falantes nos quatro continentes e da sétima língua mais falada no mundo e terceira no ocidente, em seguida ao inglês e ao espanhol.

Como primeiro passo, o embaixador e cogitado chanceler, pautando-se no empreendimento inspirador, retomou a disposição, qual seja a de se fundar um Instituto Internacional da Língua Portuguesa, por ele concebido em 1989, quando exercia o Ministério da Cultura do Brasil, durante a presidência de José Sarney. A esse respeito, por ele sugerida, durante o I Congresso de Escritores da Língua Portuguesa, sucedido em Lisboa, entre 1° e 3 de março daquele ano, foi unanimemente aprovada moção capitaneada pelos delegados brasileiros Jorge Amado e Arthur Poerner e pelo escritor português Antônio Alçada Baptista. Não tardou que o novel organismo fosse sancionado, como resultado da Primeira Cimeira dos Chefes de Estado e de Governo do Brasil, de Portugal e dos países africanos de língua oficial portuguesa, que teve lugar na cidade de São Luís, no Maranhão, no início de novembro de 1989.

Retornando ao seu posto diplomático em Lisboa, ainda em 1993 José Aparecido de Oliveira retomou o sonhado plano. Para tanto, iniciou um programa de viagens aos cinco países africanos de expressão portuguesa no afã de levar ao conhecimento de seus dignitários superiores a disposição do governo brasileiro de dar forma a um órgão de caráter internacional que congregasse as nações lusófonas. Assim, em missão oficial, visitou a Guiné-Bissau, Cabo Verde e São Tomé e Príncipe, fazendo a entrega aos seus mandatários de documento protocolar do Presidente Itamar Franco concitando-os a aderir ao cultivado desígnio.

Na realidade, o projeto de Aparecido de Oliveira afigurava-se como plano uníssono do governo brasileiro, pelo que se infere das assertivas do então Ministro das Relações Exteriores Fernando Henrique Cardoso:

> A Comunidade dos Povos de Língua Portuguesa não é movida por sentimentalismos. Sua criação corresponde a uma tendência da atual conjuntura internacional, com o fim da bipolaridade, que abriu espaço para novas iniciativas de aproximação entre países em afinidades, ora derivadas de interesses econômicos, ora fundamentadas em valores políticos ou culturais.[4]

Integrando-se a esses empenhos, no início de outubro de 1993, por ocasião da 48ª Assembleia Geral da ONU, em Nova York, o Chanceler brasileiro Celso Amorim defendeu a reestruturação da composição do

4 Fernando Henrique Cardoso, no artigo "O Brasil e a lusofonia", publicado no *Jornal do Brasil*, de 25 de abril de 1993. p. 11.

Conselho de Segurança da entidade, pleiteando conferir maior representatividade aos países localizados no majoritário Hemisfério Sul. Nesse âmbito, em paralelo às atividades do evento, reuniu-se com seus homólogos de Portugal e dos cinco países africanos lusófonos instando-os a desempenharem papel ativo na referida reestruturação e, a tal propósito, aderirem ao intento de criação de uma CPLP. Justificava Amorim: "no mundo pós-guerra fria é crescente a presença do que se convencionou chamar de 'coalizões de geometria variável'. No nosso caso, une-nos o idioma português e as afinidades étnicas, históricas e culturais", que constituem "sólido embasamento para congregar-se em entidade política de considerável peso específico no cenário internacional".[5] Desse modo, a capacidade de influência desses países passaria a ser muito mais significativa. Na ONU, por exemplo, o conjunto representaria sete votos.

O argumento de Amorim lastreava-se nas "coalizões de geometria variável", como se notava, naquele contexto, no Grupo do Rio, nos Países Africanos de Língua Oficial Portuguesa – PALOP, na Comunidade de Desenvolvimento da África Austral – SADC e na Conferência Ibero-Americana. Sob esse ângulo, os países participavam de organismos externos consoante seus interesses e prioridades de política regional e internacional, sem abdicar do direito de integrarem-se a outros tantos

5 *Jornal do Brasil*, Rio de Janeiro, 3 de dezembro de 1993, Caderno 1. p. 6.

sistemas, com idênticas intenções. Estava-se diante de uma nova conjuntura internacional, cuja configuração não mais se orientava pelo reducionismo de diretrizes ideológicas e convidativa, com a formação de coalizões institucionalizadas sob a forma de blocos regionais.

Nessa concepção, a CPLP apresentar-se-ia sem excludência ou incompatibilidades de inserção de seus países-membros em outros fóruns regionais congêneres, como o Brasil no Mercosul, Portugal na União Europeia, os PALOP na Comunidade Econômica dos Estados da África Ocidental – CEDEAO ou na mencionada Comunidade de Desenvolvimento da África Austral – SADC.

Unidade organizacional entre iguais, que visava a complementação das relações bilaterais pelo multilateralismo baseada na percepção das pluralidades e das diversidades. Sem supremacias ou hegemonias, lastreada na reciprocidade, na horizontalidade, na cooperação de todos com todos. Consociação de "solidariedades horizontais", na feliz designação de Adriano Moreira.[6]

Assim entendida, a construção da Comunidade seria de iniciativa dos governos das nações envolvidas, procedimento ao qual deveria somar-se a mobilização dos mais diferentes setores e segmentos sociais. Visava-se, com isso, não apenas a divulgação da proposta, mas, sobretudo, a aquisição de postura reflexiva em torno dela, de seu adensamento e de sua estrutura inicial.

6 Cf. MOREIRA, Adriano. 2001, p. 14-16.

O *modus faciendi* estabeleceu a realização de cimeiras especializadas, mesas redondas, simpósios, publicações, entrevistas e difusão de matérias em diferentes meios de comunicação social. Assim é que, em 28 de novembro de 1993, sob a égide da Fundação Brasil-Portugal e do *Jornal do Brasil*, enquanto se desenvolvia em Brasília a III Cimeira dos Ministros da Justiça dos Países de Língua Portuguesa, ocorreu na cidade do Rio de Janeiro um simpósio cujo tema central foi a CPLP. No evento,

> [...] a força e a fragilidade do idioma [português] nos países africanos de expressão portuguesa foram destacadas em várias intervenções. Os componentes de afirmação resultariam da presença secular da língua portuguesa como veículo de comunicação entre comunidades étnicas que, sem ela, estariam confinadas à profusão das línguas nacionais e dialetos locais, os quais, ainda que mais importantes para a problemática da identidade nacional – porquanto exprimem a cultura autóctone das diferentes etnias – não comunicam entre si; de sua condição de instrumento formador dessa mesma identidade, como revelam as vigorosas literaturas que ali estão sendo escritas em português; do papel de fulcro de resistência à influência (quando excessiva) da parte dos vizinhos anglófonos e francófonos.[7]

7 EMBAIXADA DO BRASIL EM LISBOA. *A Comunidade dos Países de Língua Portuguesa*. Lisboa: jun. 1994. p. 10-11.

Na semana seguinte, a 2 e 3 de novembro de 1993, no III Encontro de Ministros da Justiça dos Sete, em Brasília, submetida pelo anfitrião, Ministro Maurício Corrêa, proclamou-se a oportunidade de criação da CPLP, nos termos dos esforços que vinham desenvolvendo-se sob a liderança de José Aparecido de Oliveira.

A segunda mesa-redonda luso-afro-brasileira efetivou-se no Palácio Foz, em Lisboa, nos dias 5 e 6 de dezembro de 1993, ao abrigo do *Jornal de Letras*. Na programação, quatro painéis: "CPLP – O Parlamento dos Povos de Língua Portuguesa e as perspectivas da cooperação política e diplomática intergovernamental", "O Instituto Internacional da Língua Portuguesa como instrumento de promoção e difusão da literatura lusófona e do conhecimento técnico e científico em português. Cooperação audiovisual"; "A Universidade dos Sete e a cooperação para o desenvolvimento. Formação de quadros, transferência de tecnologia e parceria econômica e comercial"; "CPLP: institucionalização e estrutura".

Na oportunidade, buscou-se sedimentar a ideia de que a Comunidade já existia informalmente; cabia, agora, institucionalizá-la, "de modo a dotá-la de estruturas que possam permitir explorar melhor as potencialidades que oferece". Nesse sentido, estando em Lisboa, o Ministro Celso Amorim reiterou a sugestão para que se criasse um sistema de direção para a CPLP, concretizado por periódicas e frequentes cimeiras de chefes de Estado e de Governo, pela concertação política entre os países-membros, configurada na instituição de um Parlamento dos Povos de Língua Portuguesa, pela ativação do Instituto Internacional da Língua Portuguesa e pela estruturação da Universidade dos Sete, além, naturalmente, de impulsionar a cooperação, entre os pares, nas áreas econômica, científica e tecnológica.[8]

Tudo concorria para o sucesso das diligências e das providências cometidas. Para exemplificar, sob o ponto de vista da diplomacia portuguesa, releve-se que a composição do novo bloco de países fortalecia a presença do país na cena política internacional. Segundo o ministro dos Negócios Estrangeiros, José Manuel Durão Barroso, "Portugal vale muito mais no quadro da União Europeia ao apresentar-se com uma relação de uma certa cumplicidade com os países africanos".[9] Em contrapartida, uma maior aproximação com Portugal proporcionava ao Brasil trânsito mais facilitado para o acesso aos mercados da União Europeia. Simultaneamente, na mensagem de Ano-Novo à nação portuguesa, em 1º de janeiro de 1994, o Presidente Mário Soares destacou a "extraordinária visão" do governo brasileiro, exortando Portugal a assumir a proposta de criação da CPLP "como uma verdadeira prioridade, conferindo-lhe o indispensável conteúdo político, econômico e cultural".

---

8 EMBAIXADA DO BRASIL EM LISBOA, 1994, p. 11-12.

9 Em texto publicado no jornal *Seminário*, de Lisboa, a 23 de dezembro de 1993. p. 34.

Nesse diapasão eufórico, dias após, buscando a universalização e a consolidação do idioma português, o Embaixador José Aparecido formalizou pedido ao Diretor-Geral Federico Mayor para que o português fosse acolhido como língua de trabalho na Unesco. Antecipava-se, dessa maneira, ao que se configurou na 49ª sessão da Assembleia Geral da ONU, em setembro daquele ano, quando os ministros dos Negócios Estrangeiros e de Relações Exteriores dos países lusófonos discursaram utilizando-se da língua oficial de seus países.

O Palácio dos Congressos, em Luanda, a 26 e 27 de janeiro de 1994, sediou a III mesa-redonda, por obra da União dos Escritores Angolanos e respaldada pelo primeiro-Ministro angolano Marcolino Moco, que, passados dois anos, viria a ser escolhido o primeiro secretário executivo da CPLP. Na ocasião, sucederam-se quatro painéis, subordinados às seguintes temáticas: "O Parlamento dos povos de língua portuguesa: cooperação interparlamentar entre os Sete", "A Universidade dos Sete: cooperação econômica e técnica e o desenvolvimento sustentável nos países de língua portuguesa", "O Instituto Internacional de Língua Portuguesa como instrumento de promoção e difusão da literatura em língua portuguesa e do conhecimento científico em português; cooperação audiovisual entre os Sete" e "CPLP: um mecanismo de cooperação global; institucionalização e estrutura; o papel da sociedade civil na cooperação entre os Sete".

No que tange à criação do Parlamento dos Povos de Língua Portuguesa, encareceu-se a necessidade de debater as diretrizes para uma política das correntes imigratórias dentro e fora da Comunidade, dado que o Parlamento deveria entender-se como assembleia unicameral, cuja finalidade precípua seria a de contribuir, com reflexões, debates e propostas, para o incremento da cooperação e da integração comunitárias. Na esfera da cooperação técnica, acordou-se que essas ações da CPLP deveriam assentar-se em estruturas com baixa complexidade e com gestão pouco onerosa. Na área do ensino e da pesquisa, enfatizou-se a prioridade a ser conferida às ciências sociais, "tão importantes para o desenvolvimento da cidadania, pois abrem campo para o conhecimento das relações entre o homem e o meio social em que vive".[10]

Ao tempo, em entrevista à jornalista Ana Marques Gastão, José Aparecido reafirmava: a CPLP

> [...] é uma realidade que precisa ainda de ser institucionalizada, tendo em conta que o mundo cada vez mais mostra a sua vocação de uma nova cartografia, que antes era firmada pela geopolítica, hoje com outras componentes como afinidades de interesses que dela decorrem. [...] A vizinhança deixou de ser uma contingência territorial. Impera a convergência das vontades políticas.[11]

---

10 EMBAIXADA DO BRASIL EM LISBOA. 1994, p. 17.

11 Cf. *Diário de Notícias*, Lisboa, 24 de janeiro de 1994. p. 26.

Fica inteligível, portanto, que Aparecido não tinha na promoção da língua portuguesa o seu único argumento. Os temas-objetos abordados nas mesas-redondas bem o demonstram. Quando nada, à vertente básica juntavam-se o mencionado intuito da concertação político-diplomática e, em especial, a cooperação. Recorra-se, para ilustrar, a excerto de entrevista por ele concedida a José Alberto Braga:

> Para além do espaço cultural que nos é próprio, ninguém poderá negar os desdobramentos comerciais que se abrem a partir da formalização do ato da CPLP, e que esses mercados notoriamente representam.[12]

A 9 e 10 de fevereiro de 1994, verificou-se, em Brasília, um primeiro encontro de ministros dos Negócios Estrangeiros e de Relações Exteriores dos países de língua portuguesa, onde ficou pactuado o apoio à criação da CPLP "como foro privilegiado para o estabelecimento de uma agenda de amizade e cooperação entre Brasil, Cabo Verde, Guiné-Bissau, Moçambique, Portugal, São Tomé e Príncipe e Angola". O evento, marco importante no processo em causa, deu forma e tornou irreversível a constituição da CPLP.

Nos meses subsequentes, organizou-se no Ministério dos Negócios Estrangeiros de Portugal, em Lisboa, um Grupo de Trabalho Permanente de Concertação,

12 Cf. revista *Lusofonia*, Lisboa, n. 1, julho de 1996. p. 11-16.

posteriormente denominado Comitê de Embaixadores, composto por diplomatas dos sete países. Sua missão fundamental era a de elaborar versões preliminares dos documentos a serem chancelados na cimeira. Em fins de maio, altos dignitários dos quadros diplomáticos dos sete países avaliaram esses documentos e redigiram os estatutos provisórios da CPLP. Pactuou-se também que a criação formal da Comunidade seria efetuada na oportunidade da Cimeira de Lisboa dos chefes de Estado e de Governo dos Países de Língua Portuguesa, prevista para acontecer em Lisboa a 28 de junho de 1994.

Ainda em maio, prosseguindo no seu desiderato, o Embaixador José Aparecido de Oliveira deslocou-se a Maputo para encontro oficial com o presidente da República de Moçambique, Joaquim Chissano.

A quarta mesa-redonda, desta feita promovida pela Associação de Escritores Cabo-verdianos – AEC, foi levada a efeito na cidade da Praia, em Cabo Verde, entre 16 e 17 de junho de 1994, obedecendo ao seguinte temário: "O português e as línguas nacionais", "O Instituto Internacional de Língua Portuguesa", "A Universidade dos Sete", "O Parlamento dos Povos de Língua Portuguesa", "A cooperação econômica entre os países de língua portuguesa", "A sociedade civil e os países de língua portuguesa" e "A institucionalização da CPLP".

Assim delineada, já se antevia a iminente concretização da nova entidade. Contudo, a despeito de ter sido amplamente anunciada, festejada pelos *mass media*

– com destaque para rico e alentado número especial do *Jornal de Letras*, de Lisboa (o de número 618, de 28 de junho a 5 de julho de 1994) –, a cimeira oficializadora foi adiada, devido à suspensão da viagem do Presidente Itamar Franco a Lisboa, sob a justificativa da morte de um seu familiar.

Tal resolução, igualmente explicada pelas incertezas da participação dos presidentes de São Tomé e Príncipe, Angola e Moçambique, causou fortes dissabores, posto que imputada ao Ministro dos Negócios Estrangeiros português Durão Barroso, e não, como protocolarmente caberia, ao presidente da República do país. No sentimento de José Aparecido,

> [...] a decisão foi tomada na antevéspera da data marcada para a sua realização. Não conhecemos precedente na diplomacia internacional, nem mesmo na segunda guerra mundial, da desarticulação de um compromisso que envolvia sete agendas presidenciais e duas agendas de chefe de governo.[13]

---

13 *Apud* VIGGIANO, Alan. *Dossiê Grupo dos Sete*: os povos e países de língua portuguesa. Brasília: André Quicé, c1994. p. 139. A decepção do embaixador brasileiro com o adiamento da Cimeira fica externalizada na entrevista que concedeu ao jornal *O Diabo*, de Lisboa, na edição de 5 de julho de 1994, e reproduzida em VIGGIANO, c1994, p. 150-151, no qual o principal artífice da Comunidade não poupa críticas ao ministro português.

Nova cerimônia ficou aprazada para cinco meses depois. Em 23 de novembro, no entanto, a cinco dias da prevista assinatura do ato constitutivo da Comunidade, na abertura da reunião preparatória final do referido Grupo de Concertação Permanente, fez-se pública a comunicação do governo angolano anunciando a ausência do Presidente José Eduardo dos Santos àquela solenidade e solicitando o seu adiamento. Como justificativa, uma presumível intromissão abusiva nos assuntos internos de Angola por parte do Presidente português Mário Soares, ao pronunciar-se sobre ofensiva militar levada a efeito pelo governo na região de Huambo. Tratava-se, por conseguinte, do segundo adiamento em um mesmo semestre.

A salientar que, fiando-se em confiáveis fontes diplomáticas, o presidente angolano, nos últimos meses, indiciava desinteresse pela comunidade lusófona. Mostrava-se mais afinado com a integração de Angola à África Austral, na sequência de pressão inglesa que se fazia, com semelhante intuito, junto à República Popular de Moçambique. Na avaliação de Carlos Albino, jornalista que acompanhou atentamente a dinâmica de constituição da CPLP, a nova protelação punha em relevo o cinismo imperante ao longo de oito meses de reuniões conjuntas, apontando o infortúnio sofrido pelas diplomacias de Portugal e do Brasil.

> Portugal sofreu um revés porque, na qualidade de anfitrião, não soube prever os cenários e acautelar a dignidade das suas próprias

> relações, designadamente com o Brasil, que, por mais românticas que voltem a ser, dificilmente poderão retomar o caminho do realismo que ambos os países tinham iniciado. O Brasil sofreu uma humilhação: a constituição da comunidade lusófona era o principal projeto político-diplomático do Presidente Itamar Franco, cujo declarado apoio ao seu sucessor, Fernando Henrique Cardoso, esteve desde o início condicionado às garantias de continuidade para a comunidade lusófona.[14]

Diante das duas sucessivas procrastinações, tendo em vista sobretudo os motivos alegados, pairou a dúvida: haveria efetivo interesse de todos os países envolvidos na real criação do organismo?

José Lamego, à época responsável pelas Relações Internacionais do Partido Socialista português, e secretário de Estado dos Negócios Estrangeiros e da Cooperação no ato instituidor da CPLP, em artigo publicado na imprensa lisboeta, interpretava:

> A tentação de conceber a comunidade lusófona em termos predominantes geopolíticos configura hoje, repito, uma ilusão perigosa e mesmo um potencial de perturbação das relações

14 Carlos Albino, no artigo intitulado *Sete dividem-se em culpas*, veiculado no *Diário de Notícias*, Lisboa, 25 de novembro de 1994. p. 9.

> normais e corretas entre os Estados de língua portuguesa. O segundo adiamento da cimeira em virtude da ausência do presidente de Angola – por motivos absolutamente fúteis e inaceitáveis –, acrescido ao primeiro adiamento – por motivos humanitários atendíveis, mas politicamente inexplicáveis –, constitui, a meu ver, indício bastante de que o sobreinvestimento emocional numa comunidade lusófona concebida em termos desajustados virá repetidamente a ser no futuro mais um fator de adensamento e de visibilização de problemas pontuais de relacionamento do que um fórum efetivo de cooperação e conjugação de interesses.[15]

A análise tinha razão de ser. Afinal, ao irrestrito apoio e ao entusiasmo do Presidente da República Portuguesa, Mário Soares, cujos laços de amizade com o Embaixador José Aparecido emularam as gestões político-diplomáticas e as ações formadoras da CPLP, constatava-se posicionamento e atuação nem sempre coincidentes dos responsáveis pela condução da política externa da administração Cavaco Silva. A referir, nesse sentido, o incremento da política de cooperação com os Países Africanos de Língua Oficial Portuguesa – PALOP, estatuída e fortemente implementada na fórmula "Cinco mais um" como diretriz norteadora das

15 Cf. jornal *Público*, de 27 de novembro de 1994. p. 25.

relações internacionais de Portugal *vis-à-vis* àquelas nações e materializadas, dentre outros instrumentos, na área econômica, pelo Instituto do Comércio Exterior Português – ICEP.[16]

Realidade a que se adicionava forte expansão nos negócios impulsionados pelo setor privado e por organizações não governamentais. Sem esquecer a transferência, em março de 1995, do Instituto Camões, organismo destinado a "protagonizar uma resposta integrada e moderna aos imperativos de defesa da língua portuguesa e valorização da cultura portuguesa", então subordinado ao Ministério da Educação de Portugal, para a tutela do Ministério dos Negócios Estrangeiros daquele país. Nessa circunstância, o principal interveniente do lado português e coordenador do Comitê dos Embaixadores, António Monteiro, foi categórico: "procurou-se desde o início discutir com a Cimeira propostas realistas e exequíveis [...] e começou a desenhar-se a tendência para utilizar o Instituto Camões como pivô do Instituto Internacional de Língua Portuguesa".[17]

16 *Cinco mais um* – denominação cunhada na gestão de José Manuel Durão Barroso no Ministério dos Negócios Estrangeiros português para qualificar e incrementar as relações entre as cinco ex-colônias lusitanas em África e sua ex-metrópole.

17 MONTEIRO, 1996, *apud* FEIJÓ SOBRINHO, 1997, p. 69. Outro exemplo, também por instâncias e no testemunho de seu coordenador, é o de que o Grupo de Concertação Permanente, já em suas primeiras reuniões, rejeitou "a sugestão da criação de um Parlamento dos Sete, [...] privilegiou-se também a dinamização da cooperação universitária através da

Destarte, tornava-se patente o receio português de que o Brasil, pelas suas inequívocas potencialidades e diversificados recursos, ocuparia ou disputaria área de influência de Portugal junto aos PALOP. Daí a necessidade de cuidado redobrado para que o novo organismo não comprometesse a opção europeísta da política externa portuguesa. Mas o entendimento contrário parecia sedutor e realista: o advento da CPLP poderia reforçar a posição de Portugal junto aos organismos europeus, ademais de ser fator de propulsão e ampliação de seus mercados. Para clareza, refira-se que, no momento, os maciços investimentos europeus nos PALOP advinham não de Portugal, mas de outros países.

Fosse como fosse, continuavam as gestões formais e protocolares, como se nota nas tratativas havidas durante o IV Encontro de Ministros de Negócios Estrangeiros e das Relações Exteriores dos Países Africanos de Língua Oficial Portuguesa e de Portugal, realizado em 5 e 6 de abril de 1995, quando aquelas autoridades reiteraram o seu interesse e afinco na criação da CPLP.

Em 19 de julho de 1995, ocorreu uma viagem oficial de Fernando Henrique Cardoso a Portugal motivada pela II Cimeira Luso-Brasileira. Embora o evento tivesse transcorrido em paralelo à quarta reunião dos

---

Associação das Universidades de Língua Portuguesa – AULP, em detrimento de uma problemática na universidade nova a serviço dos Sete [...]". MONTEIRO, 1996, *apud* FEIJÓ SOBRINHO, 1997, p. 71.

ministros de Negócios Estrangeiros e de Relações Exteriores dos Sete, o caráter bilateral do encontro foi, talvez, sintoma de que a formalização da CPLP se qualificava como pauta secundária da política externa do presidente recém-empossado. De acordo com arguto jornalista, ainda que a retórica fosse outra, "o presidente do Brasil chega a Lisboa quando ainda nenhum dos interessados na Comunidade Lusófona calculou os custos da não lusofonia".[18] A considerar, além disso, que, "para Fernando Henrique, a prioridade número 1 seria, conforme declarou em numerosos discursos, consolidar e aprofundar o Mercosul como etapa inicial de sua eventual ampliação na perspectiva da integração sul-americana".[19]

Nove meses depois, exatamente a 18 de abril de 1996, nova reunião de ministros dos Negócios Estrangeiros e das Relações Exteriores tinha lugar em Maputo, objetivando a preparação final para o ato constitutivo da CPLP. A expectativa, porém, frustrou-se. Pelo menos para um dos principais artífices do empreendimento. O embaixador do Brasil em Lisboa desde o início de 1995 e ex-Presidente da república Itamar Franco, ao depois da conferência maputense, não escondia sua desesperança:

18 Carlos Albino, no artigo *Sonho tridimensional*, em *Diário de Notícias*, Lisboa, 19 de julho de 1995. p. 2.

19 RICUPERO, Rubens. *A diplomacia na construção do Brasil*: 1750-2016. Rio de Janeiro: Versal Editora, 2017. p. 632.

> Sinto que uma iniciativa brasileira, demoradamente negociada com todos os países interessados, como parceiros de igual soberania e merecedores do mesmo respeito, esteja sendo esvaziada antes mesmo de se institucionalizar.[20]

Desiludido, Itamar Franco permaneceu naquele posto diplomático até a oficialização da CPLP, em julho de 1996. Eram ineludíveis os seus dissabores relativamente à atuação do Itamaraty na condução do processo de constituição da CPLP. Na verdade, julgava ele, e não estava só, que, no mínimo por algumas das razões expostas, Brasil e Portugal não se tinham comprometido adequadamente para assegurar o sucesso das providências preparatórias, panorama no qual não estiveram ausentes demonstrações e ações de vaidades e antipatias pessoais dos ministros responsáveis pela política externa dos dois países.

Tais condutas se evidenciam exemplarmente na escolha do titular para o cargo administrativo nevrálgico da entidade, o de secretário executivo. A opção indiscutível recaía sobre o obstinado e articulador José Aparecido de Oliveira, a quem, não por acaso, se intitulou o "Jean Monet da lusofonia". Para tanto, a premissa básica era a de que tais funções exigiam de seu ocupante, sobretudo do primeiro, elevada respeitabilidade

20 Itamar Franco, em artigo intitulado *A construção ameaçada*, publicado no jornal *Público*, de 22 de maio de 1996. p. 7, e reproduzido, no dia 23, no jornal *O Globo*, do Rio de Janeiro.

perante os governantes e os partícipes do empreendimento. Aconteceu, no entanto, que, apesar de, no início do ano de 1996, Aparecido ter sido oficialmente indicado para o cargo pelo governo brasileiro e aceito unanimemente pelos demais integrantes do organismo, eis que emergiu e foi aprovado um "duvidoso critério alfabético" para a definição do secretário executivo, parâmetro sintomaticamente proposto pelo Chanceler brasileiro Luís Filipe Lampreia.

O desfecho: imediatamente precedidas por um Fórum da Comunicação, pela I Conferência de Juventude da CPLP, por um Seminário sobre Cooperação Econômica e Empresarial, a 17 de julho de 1996, em Lisboa, nas dependências do Centro Cultural de Belém, procedeu--se à assinatura, pelos primeiros mandatários dos Sete, do ato convencional de constituição, mais exatamente, da Declaração Constitutiva da Comunidade dos Países de Língua Portuguesa, seguida da tomada de posse do secretário executivo e da realização da Primeira Conferência dos Chefes de Estado e de Governo da CPLP, bem como da recomendação aos dirigentes empossados do organismo para a imediata elaboração de "listagem das prioridades e projetos de atuação".

O edifício mostrava-se erigido. O seu *ethos* e a operacionalização de suas atividades, porém, anunciavam--se distintos daqueles embrionariamente perspectivados. Meses antes do remate, afloraram opiniões divergentes. Exemplifique-se por meio de artigo estampado em periódico da capital portuguesa sob o título de "Uma luso-afonia", no qual Mia Couto, arrefecendo seu entusiasmo de origem e assinalando equívocos e distorções no processo de estabelecimento da Comunidade, proferia:

> [...] a atual insistência em proclamar a Comunidade de Língua Portuguesa é, talvez, a melhor prova de que ela não existe. Ainda não somos: daí a necessidade de hastear bandeirismo. Abundam porta-estandartes, mas não há território onde fixar mastros.[21]

Referências

ABREU, Alice Pessoa de; GALA, Irene Vida; FERNANDES, Márcio de Paula. Cooperação: um dos pilares da CPLP. *In*: SARAIVA, José Flávio Sombra (org.). *Comunidade dos Países de Língua Portuguesa* – CPLP: solidariedade e ação política. Brasília: Instituto Brasileiro de Relações Internacionais, 2001. p. 79-104.

ALMEIDA, Paulo Roberto de. As duas últimas décadas do século XX: fim do socialismo e retomada da globalização. *In*: SARAIVA, José Flávio Sombra (org.). *Relações internacionais*: dois séculos de História; entre a ordem bipolar e o policentrismo (de 1947 a nossos dias). Brasília: Instituto Brasileiro de Relações Internacionais, 2001. p. 91-174.

FEIJÓ SOBRINHO, Pedro da Silva. *Comunidade dos Países de Língua Portuguesa*: institucionalização e relações culturais, político-diplomáticas e econômicas. Rio de Janeiro: Revan, 1997.

21 Jornal *Público*, edição de 26 de março de 1995, Caderno Cultura. p. 46.

MOREIRA, Adriano (coord.). *Comunidade dos Países de Língua Portuguesa*: cooperação. Coimbra: Almedina, 2001.

RICUPERO, Rubens. *A diplomacia na construção do Brasil*: 1750-2016. Rio de Janeiro: Versal Editora, 2017.

SANTOS, Juliana Soares. CPLP: gênese e instituições. *In*: SARAIVA, José Flávio Sombra (org.). *Comunidade dos Países de Língua Portuguesa* – CPLP: solidariedade e ação política. Brasília: Instituto Brasileiro de Relações Internacionais, 2001. p. 17-43.

SARAIVA, José Flávio Sombra. *África parceira do Brasil atlântico*: relações internacionais do Brasil e da África no início do século XXI. Belo Horizonte: Fino Traço, 2012.

VIGGIANO, Alan. *Dossiê Grupo dos Sete*: os povos e países de língua portuguesa. Brasília: André Quicé, c1994.

Fontes documentais

EMBAIXADA DO BRASIL EM LISBOA. *A Comunidade dos Países de Língua Portuguesa*. Lisboa: jun. 1994.

PONTIFÍCIA UNIVERSIDADE CATÓLICA DE MINAS GERAIS (Brasil). *Centro de Memória e de Pesquisa Histórica*. Fundo: Caio César Boschi. Série: Comunidade de Países de Língua Portuguesa.

A EVOLUÇÃO DA CPLP

– a trajetória institucional da CPLP e o Brasil

Gonçalo de Barros Carvalho e Mello Mourão

CRIAÇÃO

A criação da CPLP era uma necessidade do destino nacional e internacional do Brasil que já se anunciava há 200 anos, na época de nossa independência, quando podemos dizer que havia uma suspeita ou um sentimento latente da existência de uma Comunidade de Língua Portuguesa.

O tratado de reconhecimento de nossa independência por Portugal continha aquela ignóbil cláusula III, pela qual o Brasil nascente se comprometia a *"não aceitar proposição de quaisquer Colônias Portuguesas para se reunirem ao Império do Brasil"*. Sabemos que houve, pelo menos em Angola, a veleidade de alguns em tentar aquela incorporação a nós. Aquela cláusula revela, assim, que tanto no Brasil quanto em Portugal já existia, há 200 anos, o sentimento de uma comunidade lusófona que não se restringia apenas aos dois países mas era já uma realidade pluricontinental.

Hoje, 200 anos e muitas peripécias depois, a Comunidade dos Países de Língua Portuguesa, a CPLP, é uma realidade palpável e pujante, uma enorme construção que nos abriga, calorosamente, a todos e vai ampliando seus espaços.

Muitos foram os que trabalharam para sua fundação mas creio que três personalidades se salientaram nesse processo, sendo que uma delas fundamental e exponencialmente.

Os dois primeiros foram os ex-Presidentes José Sarney e Itamar Franco. E o grande articulador daquela criação foi o Embaixador José Aparecido de Oliveira.

O destino nacional do Brasil carecia do reconhecimento institucional do valor da língua portuguesa como fator de nossa unidade nacional. E o destino internacional do País necessitava da criação desse espaço multilateral que agregava, também em torno da mesma língua, os países que a tinham como fator de unidade nacional, uma comunidade em que a língua indicava um parentesco histórico comum e um comum desejo de futuro compartilhado.

O passo inicial foi dado pelo Presidente Sarney, que, instado já naquela altura pelo visionarismo de José Aparecido, convocou a primeira reunião dos Chefes de Estado e de Governo dos Países de Língua Portuguesa. O encontro se deu em São Luís do Maranhão, em 3 de novembro de 1989, e ali ficou decidida a criação do Instituto Internacional da Língua Portuguesa.

Criado o Instituto, o conceito da Comunidade passou a pairar mais concretamente sobre os espíritos dos que a concebiam.

O Presidente Itamar Franco endossou plenamente a ideia e José Aparecido foi feito embaixador em Portugal, com a incumbência explícita de ultimar a criação da Comunidade.

Desde que pisou em Lisboa, em dezembro de 1992, amparado por diplomatas competentes e acompanhado de dois ou três colaboradores essenciais, José Aparecido pôs mãos à obra.

Em fevereiro de 1994, organizou-se uma reunião de Ministros das Relações Exteriores em Brasília, que recomendou a realização de uma nova reunião dos Chefes de Estado e de Governo para adotarem o ato constitutivo da CPLP. Subsequentemente, duas reuniões de vice-ministros, ambas em Lisboa, em fevereiro e maio de 1994, amparadas em reuniões de um Grupo de Concertação Permanente, organizaram a institucionalização da Comunidade. Paralelamente a essas reuniões oficiais, quatro grandes mesas-redondas, nos três continentes, debateram as necessidades estruturais para a construção da futura CPLP. A primeira mesa-redonda reuniu no Rio de Janeiro intelectuais, jornalistas, diplomatas e acadêmicos dos diversos países lusófonos. A segunda, organizada em Lisboa, reuniu também escritores, ministros e homens públicos da lusofonia. A terceira mesa-redonda realizou-se em Luanda, reunindo escritores e diplomatas. A quarta, finalmente, teve lugar em Cabo Verde. De todas elas participaram, incansavelmente, José Aparecido e vários de seus colaboradores diretos da Embaixada em Lisboa, que em todos os demais países encontraram o mesmo entusiasmo para a fundação da CPLP.

Quando José Aparecido deixou Portugal, em princípios de 1995, a criação da Comunidade era já assunto decidido e o esboço maior do que ela seria já tinha sido pacientemente desenhado.

Assim, em junho daquele ano, os Ministros das Relações Exteriores reuniram-se mais uma vez para decidir o agendamento da Cúpula de Chefes de Estado e de Governo que, em Lisboa, criaria a CPLP, em 17 de julho de 1996. Aos sete países que criaram a Comunidade naquele ano – Angola, Brasil, Cabo Verde, Guiné-Bissau, Moçambique, Portugal e São Tomé e Príncipe – juntaram-se, em 2002, Timor-Leste, e, em 2014, a Guiné-Equatorial.

A criação da Comunidade dos Países de Língua Portuguesa, para a qual tanto contribuiu a diplomacia brasileira, deve ser considerada uma das mais transcendentes iniciativas políticas recentes de nossa Chancelaria, um dos mais importantes passos dados pelo Brasil na afirmação pujante e singular de nossa presença internacional.

A relevância da Comunidade reside não apenas na estruturação de uma organização internacional voltada para a cooperação entre seus membros – cooperação em todos os campos – mas, sobretudo, na institucionalização de uma transcendência nacional intangível que se firma e se completa apoiada em outras transcendências nacionais, com base naquilo que o ser humano tem de mais seu. De mais seu, porque seu e da coletividade em que ele habita e que, assim, também o habita: seu idioma, essa misteriosa estrutura através da qual conhecemos e inventamos o mundo, através da qual imergimos em nós mesmos e emergimos para os outros. Em nosso caso, a doce língua portuguesa.

ESTRUTURA

A CPLP foi estruturada com base em três principais "pilares" de cooperação: o da promoção da língua e da cultura de seus membros, o da concertação política entre seus governos e o da cooperação para o desenvolvimento de suas sociedades. A consecução de projetos voltados para aqueles objetivos é fundamental para a existência e permanência da Comunidade enquanto organismo institucional. Aqueles projetos justificam, mesmo, a existência da CPLP enquanto instituição.

Assim, os esforços de promoção da língua têm levado a um crescimento significativo do ensino de português no mundo, com o consequente crescimento, também, da divulgação da cultura dos países da Comunidade. Hoje, são mais de 10 mil os alunos estrangeiros inscritos nos Centros Culturais e Leitorados brasileiros no exterior, aprendendo nossa língua e nossa cultura.

Do mesmo modo, a concertação político-diplomática vem assegurando um aumento consistente na adoção de posições comuns, no seio das várias organizações multilaterais, sobre as mais diversas matérias, reforçando a presença global da CPLP e o prestígio de cada um de seus membros no cenário internacional. Nesse sentido, a CPLP tem sido também instrumental para a eleição de personalidades lusófonas a altos cargos internacionais, assim como para a eleição dos países-membros em diversos Conselhos e Comitês de organismos internacionais.

Finalmente, o terceiro pilar, a cooperação para o desenvolvimento, promove a implementação de projetos comuns e, consequentemente, uma sempre maior aproximação entre os países e os povos de língua portuguesa, desenvolvendo nossa capacidade de estreitar vínculos de cooperação nos mais variados campos do conhecimento e da tecnologia.

Por ser a única cidade em que, à época, existiam representações diplomáticas de todos os países-membros, Lisboa foi escolhida para sede da organização. O governo português prontamente colocou à disposição da CPLP um imóvel apropriado para sua instalação, e os embaixadores em Lisboa dos sete países se constituíram em um Comitê de Concertação Permanente, responsável pela condução da Comunidade.

Dois cargos principais de direção foram criados, o de Secretário Executivo e o de Diretor-Geral, cabendo ao primeiro a condução executiva dos projetos e programas da Comunidade e a organização de seu funcionamento e, ao segundo, sua gestão administrativa, financeira e operacional. O Secretário Executivo é eleito para um mandato de dois anos, renovável por outros dois, escolhido por rotação em ordem alfabética dos países-membros. O Diretor-Geral é recrutado por concurso entre nacionais dos Estados-Membros, para mandato de três anos, renovável, também, por outros três.

Além daqueles altos cargos de direção, a Comunidade se estruturou administrativamente em torno de duas direções principais específicas, que contemplam dois dos três pilares de cooperação: a Direção de Cooperação Técnica e a Direção Cultural; o pilar da cooperação política é tratado pelos embaixadores em Lisboa reunidos no Comitê de Concertação Permanente.

Os órgãos máximos de Direção da Comunidade são a Conferência de Chefes de Estado e de Governo e o Conselho de Ministros, aos que se juntam as Reuniões Ministeriais específicas e a Reunião dos Pontos Focais de Cooperação.

A Conferência de Chefes de Estado e de Governo, órgão máximo da CPLP, define e orienta a política geral e as estratégias da Comunidade e é presidida, de forma rotativa bienal, por um dos mandatários dos Estados-Membros. O Conselho de Ministros, constituído pelos Ministros das Relações Exteriores, é presidido por dois anos pelo Ministro do país que exerça a Presidência da Conferência. Esse Conselho coordena, supervisiona e define as políticas, programas e o funcionamento da Comunidade, formulando recomendações à Conferência.

É também parte integrante da CPLP a Assembleia Parlamentar, que reúne representações dos parlamentos da Comunidade.

Finalmente, é instituição da CPLP o Instituto Internacional da Língua Portuguesa (IILP), com sede em Cabo Verde, que tem como finalidade a promoção, defesa, enriquecimento e difusão da língua portuguesa.

Em todas as instâncias da CPLP, as decisões são adotadas por consenso, um consenso sempre construtivo.

FUNDAMENTO E IMPORTÂNCIA DA CPLP

Organização voltada para a cooperação em seu sentido mais amplo, a importância fundamental da CPLP para a diplomacia brasileira e, portanto para o Brasil – assim como, de resto, para a diplomacia dos demais países e para eles próprios – não reside na simples consecução daqueles objetivos de cooperação. Reside na criação, consolidação e perenização daquela transcendência intangível a que me referi acima e a que a língua comum dá o mote.

A CPLP foi fundada como manifestação do desejo dos países de língua portuguesa de reconhecerem e utilizarem a língua comum enquanto meio comum de expressar um parentesco, enquanto identidade comum transcendente a todas as desigualdades e diferenças que nos caracterizam, enquanto linha que costura firmemente aquelas disparidades. A CPLP foi criada como manifestação do desejo de assumir a perplexidade que o reconhecimento daquele poder da língua comum nos causa.

Assim, a chave de abóbada nesta catedral que é a CPLP é a língua portuguesa. É ela quem mantém solidamente unidas as demais pedras dessa construção, e é dela que pende o lustre maior a iluminar toda a amplidão que sustenta.

Mas o que significa isso de extraordinário para a diplomacia brasileira, o que significa isso de extraordinário para o Brasil? Porque, se olharmos em volta, somos parte de muitas outras organizações internacionais, globais ou regionais, voltadas para a cooperação e o desenvolvimento, voltadas para a busca de concertações políticas em prol de um mundo melhor e mais justo. Por que é singular a CPLP no universo dessa pletora de organizações internacionais e por que é tão relevante para o Brasil?

A singularidade da CPLP provém da concretização da intuição inaugural que lhe deu princípio. A intuição de que um idioma é suficiente e capaz para que povos, sociedades e culturas desiguais se encontrem em sua diversidade e se reconheçam, dentro daquela diversidade, na transcendência de um dom comum, o dom da língua portuguesa, dom intangível a partir do qual constroem um espaço real comum. E a partir daí foi possível construir essa Comunidade que comporta hoje, em sua estrutura, com vistas à cooperação entre seus membros em todos os âmbitos, mais de 15 reuniões Ministeriais setoriais regulares, além de outras reuniões regulares dos mais diversos órgãos de nossos Governos e de nossas sociedades, como os Bancos Centrais, os Procuradores-Gerais, os Tribunais de Contas, os Estados-Maiores de nossas forças armadas, um fórum de universidades, o fórum da juventude, além da Assembleia Parlamentar da CPLP, apenas para dar alguns exemplos.

Em todas essas reuniões e em todas suas decisões, a CPLP, como disse, se pauta pelo consenso. Consenso não é unanimidade nem resignação. É a livre construção conjunta de um entendimento comum. O consenso, no caso da CPLP, é a aplicação prática de um dos princípios basilares de nossa Constituição Federal, que todos conhecem bem, no que diz respeito às relações exteriores do Brasil, o princípio singelo da igualdade entre as nações. A CPLP foi construída a partir do entendimento da igualdade entre seus membros para a condução de seu destino. E esse entendimento, também ele, fundamentou-se na consciência da partilha fraterna daquele dom comum que é o nosso idioma e no seio do qual nos consideramos iguais.

Reconhecemos, através da CPLP, que partilhamos, assim, algo de único que nos pertence a todos e a cada um de nós. Contradizendo o escritor, podemos afirmar, sem susto, não que a minha pátria é a língua portuguesa mas, pelo contrário, que nós é que somos, nós coletivamente e cada um de nós individualmente, a pátria da língua portuguesa. Essa propriedade comum é o que nos une na CPLP, com sua capacidade infinita de ter expressado as culturas de nosso passado, de estar expressando as de nosso presente e de poder vir a expressar as culturas de nosso futuro. Essa partilha da expressão de diferentes culturas e experiências humanas foi assumida pela CPLP, ela também, a partir da língua, como dom comum. Somos uma Comunidade porque nos reconhecemos em nossa capacidade comum de expressão linguística mas, sobretudo, porque nos queremos reconhecer como tal.

Esse *querermos* foi a grande construção da diplomacia de nossos países concretizada na CPLP. A grande construção não é a CPLP ela própria, enquanto instituição, mas a decisão de a termos querido e de continuarmos a querê-la.

Assim, a relevância dessa construção de desejo, para a diplomacia brasileira, é capital, porque se reveste, para o Brasil, de uma importância ontológica, que lhe confere projeção internacional. De resto, confere não somente ao Brasil mas, igualmente, a todos os países que nos juntamos na Comunidade.

A CPLP cria, para o Brasil, um espaço internacional de projeção diplomática e um espaço internacional onde sua cultura se apresenta como cultura integrante daquele espaço maior. É um fenômeno semelhante ao que ocorre no seio mesmo de nosso país, onde, por ser qualquer Estado igualmente relevante para a Federação, a cultura peculiar a cada um dos Estados é, ao mesmo tempo e *ipso facto*, cultura brasileira. E esse aspecto duplo, no âmbito da CPLP, é consolidado, igualmente, pelo fato de se fundar num mesmo idioma.

Somos parte da chamada cultura ocidental mas somos a expressão em português dessa cultura. Através do português, somos parte do universo das diversas culturas que se expressam em português, e dele faz parte também a nossa cultura.

Nenhuma outra organização internacional ou regional a que nos associamos se funda nesse dom que é também o que constitui o âmago de nosso ser brasileiro: a língua que falamos. Compartilhá-la com outros países que a têm, do mesmo modo que nós, como dom ontológico, é o que conforma essa Comunidade, que nos amplia enquanto construtores de cultura e enquanto promotores de um universo humano comum.

Buscamos, naturalmente, através da CPLP – como através de muitas outras organizações internacionais –, desenvolver atividades, projetos e iniciativas comuns com vista à melhoria das condições de vida de nossos povos. Mas através da CPLP buscamos, sobretudo e primordialmente, dar testemunho da possibilidade de uma convivência construtiva e solidária, porque buscada consensualmente, entre países e povos de diferentes percursos mas que se encontram iguais naquela transcendência da língua de que falamos.

A CPLP, para o Brasil e para seus membros, é a criação de um espaço de demonstração de possibilidades de instauração de relações internacionais solidárias. É uma construção lenta mas determinada e que, já com mais de duas décadas de existência, vem atraindo crescentemente a atenção e o desejo de inúmeros outros países de se aproximarem de nossa experiência, numa clara demonstração de sua vocação para uma relevância de alcance global. Integrada por apenas nove membros plenos, a CPLP acolhe hoje 26 países e 4 organizações internacionais como observadores associados. A simples evocação de seus nomes dá ideia da amplitude geográfica e cultural aonde chegou a sã provocação da experiência da CPLP: Andorra, Argentina, Chile, França, Geórgia, Hungria, Itália, Japão, Luxemburgo, Maurício, Namíbia, Reino Unido, República Eslovaca, República Tcheca, Senegal, Sérvia, Turquia e Uruguai – são países espalhados pelos quatro continentes e, mais do que isso, países falantes de dez línguas diferentes.

A CPLP, hoje, se considerarmos o Produto Interno Bruto de todos os países que a integram, seria talvez a sétima ou oitava economia do mundo. E os países-membros da CPLP participamos, individualmente, de um total de outros cinco blocos ou comunidades econômico-comerciais regionais, o que contribui para a pujança de nossa Comunidade.

O Brasil é, sem dúvida, país singular entre os que integram a CPLP. Essa singularidade, porém, não significa conforto, antes, significa maior responsabilidade. Mas, por isso mesmo, significa, ademais, revestir-se o sucesso da Comunidade de uma maior importância para o País. Porque o sucesso da Comunidade está intimamente ligado ao desempenho do Brasil: o sucesso da CPLP será um sucesso do Brasil, e um fracasso da

CPLP seria também um fracasso brasileiro. Sem dúvida, serão sucesso e fracasso, igualmente, para os demais países-membros mas o peso maior, em ambos os casos, recairá sempre sobre o Brasil. Até porque aquela experiência única que temos, em nosso país, a que me referi, de conformação da unidade nacional através da unidade linguística – e que é a experiência que se desenvolve na CPLP com a conformação de uma Comunidade de diversidades baseadas no uso da mesma língua –, é o exemplo maior para a construção da CPLP. E nisso trabalha a diplomacia brasileira no âmbito da CPLP. Na construção de uma Comunidade que se reconheça como tal a partir da língua comum, a partir da igual capacidade de expressar, pelo mesmo dom compartilhado, as diferenças que nos caracterizam mas que não nos separam: não nos separam porque expressas e contidas na mesma língua.

Finalmente, essa construção única que é a CPLP apresenta um perfil de significação ontológica para a atuação diplomática do Brasil, se considerarmos seus estatutos, suas finalidades e sua própria atuação. Porque ocorre que aqueles estatutos preveem, como princípios básicos que regem a Comunidade, praticamente os mesmos princípios que se encontram vertidos no Artigo 4º de nossa Constituição Federal como norteadores das relações internacionais do Brasil: a igualdade soberana dos Estados-Membros, a não ingerência nos assuntos internos de cada Estado, o respeito pelas identidades nacionais, o primado da paz, da democracia, do estado de direito, dos direitos humanos e da justiça social, o respeito pela integridade territorial, a promoção do desenvolvimento e a promoção da cooperação mutuamente vantajosa. A CPLP é, assim, o espaço multilateral, de que fazemos parte, que melhor e mais completamente incorpora e reflete os princípios constitucionais que regem as relações internacionais do Brasil.

Nesses 200 anos de vida independente, temos expressado nossos valores e inquietações nacionais, nossa cultura e nossa visão de mundo através da língua portuguesa, que até pouco era nossa e de Portugal. Por ela, sempre estivemos próximos. Agora, a língua portuguesa é também o idioma de outros e nos aproximamos todos. Criamos juntos, na CPLP, um espaço peculiar no mundo, com o qual pretendemos construir uma existência comum de partilha de diferenças e de igualdades, a partir do fortalecimento da língua comum através da qual nos conhecemos e nos damos a conhecer e nos sentimos próximos. Além do inglês, do francês e do espanhol, apenas o português é uma língua oficial de mais de quatro países do mundo.

A CPLP é uma construção lenta mas consistente, segura enquanto quisermos continuar juntos a trabalhar nela. Trabalhar no parentesco fraterno, consolidado pelo dom comum da língua, por cima de toda e qualquer diversidade.

Celebramos, quotidianamente, em português, o fortalecimento da certeza de que estivemos, não importa como, juntos no passado, de que estamos juntos agora e de que estaremos juntos nesse espaço comum que vamos construindo, de nossa Comunidade dos Países de Língua Portuguesa. E isso porque podemos, cada um de nós nos nove países da Comunidade dos Países de Língua Portuguesa, nós há 200 anos e outros há menos tempo mas hoje com a mesma intensidade e certeza, dizer, alto e bom som: Eu sou a Pátria da Língua Portuguesa!

A COOPERAÇÃO NA CPLP
– aspectos gerais

Manuel Clarote Lapão

O mundo em 2021 é profundamente diferente daquele que conhecíamos em 1996, ano em que a Comunidade dos Países de Língua Portuguesa (CPLP) nasceu. Se atentarmos, por exemplo, na forma como compreendemos a dinâmica do sistema internacional de cooperação para o desenvolvimento, as últimas duas décadas foram marcadas por uma profunda alteração na conjuntura internacional da qual resultaram efeitos dramáticos no equilíbrio geopolítico e geoestratégico que hoje se estabelece nas relações internacionais. Essa alteração foi também sensível no entendimento conceptual sobre estas dinâmicas, com uma profunda revisão do enquadramento e pensamento teórico do tema bem como do pensamento político subjacente aos processos de tomada de decisão.

Os anos 90 do século XX foram muito significativos para esta evolução uma vez que, prestes a celebrar o seu cinquentenário,[1] as Nações Unidas empreenderam um conjunto de conferências internacionais que abordaram problemáticas que se colocavam às políticas conducentes ao desenvolvimento. Assim, em 1992, foi realizada a Conferência das Nações Unidas sobre Ambiente e Desenvolvimento (CNUAD), realizada no Rio de Janeiro; em 1993 a Conferência Internacional sobre os Direitos do Homem, que teve lugar em Viena; em 1994 a Conferência Internacional sobre População e Desenvolvimento (CIPD), reunida no Cairo; em 1995 a Cimeira Mundial sobre o Desenvolvimento Social (WSS), que decorreu em Copenhaga; em 1995, também, a IV Conferência Mundial sobre a Mulher, efetuada em Pequim, e em 1996, a Cimeira Internacional sobre Estabelecimentos Humanos (Habitat II), que se realizou em Istambul. Destas conferências resultaria um vasto conjunto de recomendações e princípios que, paulatinamente, viriam a ser reforçados e/ou introduzidos no sistema internacional de cooperação para o desenvolvimento do novo milénio. Pela sua importância e universalidade, e por ainda se manterem de forma reiterada na atual agenda, cumpre destacar as seguintes: combate à pobreza, boa governação e promoção dos direitos humanos.

Com a chegada do novo milénio, foi possível criar um espaço de consenso político que possibilitou a alteração do eixo gravitacional do sistema de relações

1 Comemorado a 24 de outubro de 1995.

internacionais, centrando-o em processos ligados ao chamado desenvolvimento humano, desenvolvimento sustentado e sustentável, desenvolvimento participativo e parceria para o desenvolvimento. Na base deste novo pensamento, esteve presente a tomada de consciência, por parte dos líderes mundiais, de que era necessário adotar medidas e definir objetivos concretos que concorressem para a erradicação de situações de carência e pobreza verificadas desde final dos anos 60 anos do século XX, posteriormente avolumadas pelos processos de crise sistémica potenciada pelos programas de ajustamento estrutural dos anos 80 desse século.

Em 1996, na altura da fundação da CPLP, não tinha ainda sido formulada e apresentada a Agenda do Milénio e os Objetivos de Desenvolvimento do Milénio (ODM) que dela resultaram, nem tampouco a agenda que lhe sucedeu, aprovada em setembro de 2015, a Agenda 2030 para o Desenvolvimento Sustentável, na qual se enunciaram os Objetivos de Desenvolvimento Sustentável (ODS), hoje em vigor. Nesse ano, a conjuntura dos seus Estados-Membros era muito distinta da que conhecemos. Hoje, num mundo ainda em processo de globalização acelerada, o cenário é outro e muito mais exigente.

E se o mundo se alterou de forma muito acelerada, também a CPLP teve que acompanhar essa dinâmica. Os ODS beneficiam das valiosas lições aprendidas com os ODM e levam mais além a agenda inacabada dos ODM, ao agregar desafios adicionais relacionados com a inclusão e a equidade. Para além disso, os ODS geraram o ímpeto para o fortalecimento de uma parceria global para o desenvolvimento que, para além dos Estados, passou a também a envolver como agentes executores dessa Agenda as organizações de sociedade civil (OSC) e o setor privado. Ao refletir sobre a continuidade e consolidação dos ODM, os ODS tornam-se mais sustentáveis uma vez que conseguiram robustecer os objetivos relacionados com políticas que visam combater as alterações climáticas, proteger o meio ambiente e reverter a perda de biodiversidade. E, como em seguida se procurará descrever, a CPLP acompanhou e procurou incorporar na sua estratégia de cooperação e dinâmica de funcionamento toda esta evolução.

Se alguma estranheza pode haver quanto à criação da Comunidade dos Países de Língua Portuguesa (CPLP), esta só poderá decorrer do facto de ter nascido tão tarde. A criação da CPLP foi, portanto, uma inevitabilidade histórica. Desde 17 de julho de 1996 que se vem assistindo ao reforço dos laços que ligam os Estados-Membros da CPLP que constituem, nas palavras do filósofo Agostinho da Silva, uma "placa linguística de povos de língua portuguesa – semelhante às placas que constituem o planeta e que jogam entre si a base da criação de uma comunidade". Portanto, se os países se unem, desde logo, por afinidades linguísticas, culturais e históricas, nada de mais natural que os países de língua portuguesa se unissem num projeto comum. Se bem que a CPLP esteja ainda aquém do sonho de Agostinho da Silva – pois não é ainda uma verdadeira comunidade lusófona –, nem por isso deixa de ser um projeto em que os seus Estados-Membros devem continuar a apostar enquanto desígnio estratégico.

A Declaração constitutiva da CPLP retoma o sonho inicial de Agostinho da Silva e, partindo de "valores perenes" como a "paz, democracia e Estado de Direito, direitos humanos, desenvolvimento e justiça social", estabelece uma preocupação com o "futuro coletivo dos seus Países", comprometendo-se a

> [...] reforçar os laços de solidariedade e de cooperação que os unem, conjugando iniciativas para a promoção do desenvolvimento económico e social dos seus Povos e para a afirmação e divulgação cada vez maiores da Língua Portuguesa.

Mas o que representa hoje esta organização e qual o seu poder funcional no contexto das relações internacionais? A este propósito, considera a teoria que o poder funcional está frequentemente na posse dos pequenos Estados e que se traduz pela detenção de uma situação geográfica estratégica, acesso a fontes de minerais raros e fontes de energia como o petróleo, elementos que são indispensáveis ao funcionamento dos sistemas internacionais e que, portanto, também dão aos seus detentores a capacidade de "disfuncionar" tais sistemas.

E como pode a cooperação em contexto da CPLP contribuir para tal desiderato? A energia e vontade evidenciada pelo pilar da cooperação da CPLP que, nos últimos anos, tem alargado o leque das suas intervenções e harmonizou as suas prioridades com as necessidades de desenvolvimento dos Estados-Membros, tem permitido dar cumprimento à Declaração Constitutiva da CPLP. Essa realidade pode hoje ser demonstrada, por exemplo, pela realização, regular, de cerca de 15 reuniões ministeriais nos mais diferentes domínios de intervenção e pela aprovação que fizeram de Planos Estratégicos de Cooperação Setorial (PECSET), que traduzem a visão e orientação da Comunidade para fomentar a cooperação nessas áreas.

A opção da CPLP em atuar com base nesses Planos Estratégicos, em domínios altamente relevantes para o processo de desenvolvimento sustentável da Comunidade, de que as áreas da saúde, da segurança alimentar e nutricional, do ambiente, da educação, do ensino superior ciência e tecnologia e dos oceanos e são apenas escassos exemplos,[2] permitiu consolidar a

2 As reuniões ministeriais setoriais da CPLP atualmente configuradas são as seguintes: Conselho de Segurança Alimentar e Nutricional da CPLP, Reunião dos Ministros do Trabalho e Assuntos Sociais, Reunião dos Ministros da Saúde, Reunião dos Ministros da Igualdade de Género e Empoderamento da Mulher, Reunião de Ministros do Ambiente, Reunião dos Ministros do Mar, Conferência de Ministros da Juventude e Desportos, Reunião dos Ministros da Energia, Reunião dos Ministros do Turismo, Reunião dos Ministros das Comunicações, Reunião dos Ministros das Finanças, Reunião dos Ministros da Economia, Reunião dos Ministros do Comércio,

imagem de uma CPLP atenta aos desafios do seu tempo. Para que assim fosse, muito contribuiu a aprovação, pela XIV Reunião Ordinária do Conselho de Ministros da CPLP (ROCM), realizada na Cidade da Praia, Cabo Verde, julho de 2009, da Resolução sobre a "Cooperação na CPLP – Uma visão Estratégica de Cooperação pós-Bissau", na qual se recomendou a elaboração dos já referidos PECSET e o incremento de metodologias e procedimentos que promovessem a eficácia, coordenação e harmonização das ações de cooperação a desenvolver pela Comunidade. Esta decisão criou o ímpeto para que a CPLP reforçasse a eficiência e a eficácia do seu quadro de cooperação. Este instrumento esteve em vigor entre 2009 e 2015 e materializou nos trabalhos da cooperação da CPLP a dinâmica dos ODM e, como acima se referiu, da metodologia dos PECSET, bem como a criação dos Secretariados Técnicos das Reuniões Ministeriais Setoriais.

Três anos mais tarde, por impulso da XXV Reunião de Pontos Focais de Cooperação da CPLP (RPFC), a XVII ROCM (ambas realizadas em Maputo, Moçambique, em julho de 2012) aprovaria o "Programa Indicativo de Cooperação da CPLP – 2013-2016", ocasião

---

Conferência dos Ministros da Justiça, Reunião dos Ministros da Defesa, Reunião dos Ministros da Administração Interna, Reunião dos Ministros da Cultura, Reunião dos Ministros do Ensino Superior, Ciência e Tecnologia, Reunião dos Ministros da Educação e Reunião Interministerial da Governação Eletrônica.

em que se reconheceu a importância estratégica de um documento de planeamento a médio prazo para a cooperação da CPLP. Esta decisão seria reforçada com a aprovação da "Resolução sobre a Agenda do Desenvolvimento Pós-2015", pela XVIII ROCM (Maputo, Moçambique, em julho de 2013), que reiterava o objetivo de harmonização das ações de cooperação da CPLP com a agenda internacional visando o reforço da participação da CPLP no seio dos principais *fora* internacionais. Esta resolução esteve na origem da elaboração do documento "Cooperação na CPLP – uma visão estratégica no Pós-2015". Esta proposta seria apropriada pela RPFC e substanciou a sua contribuição para os trabalhos do "GT Visão Estratégica da CPLP", tendo influenciado positivamente a redação do capítulo relativo à cooperação da "Visão Estratégica da CPLP (2016-2026)", que seria aprovada pela XI Conferência de Chefes de Estado e de Governo da CPLP, realizada em Brasília, Brasil, em novembro de 2016. Esta orientação estratégica esteve em vigor entre 2015 e 2019 e incorporou nos trabalhos da cooperação da CPLP os conceitos de ODS, cooperação trilateral e Cooperação Sul-Sul.

A aprovação da "Visão Estratégica da CPLP (2016-2026)" veio reforçar a crença de que a cooperação da CPLP dispunha de um potencial que deveria ser mais bem estudado e explorado visando uma identificação mais clara da sua contribuição para o processo de desenvolvimento inclusivo e sustentável e para a consolidação política, económica e social da Comunidade. Este marco permitiu reforçar e aprofundar a reflexão sobre a capacidade da cooperação da CPLP, e, nesse âmbito, haverá que destacar o trabalho que, a partir de 1996, foi possível desenvolver entre o Secretariado Executivo da Organização e a RPFC. Esta articulação iria sofrer um impulso muito positivo em fevereiro de 2018, com a realização do "Seminário sobre a Governança e a Gestão da Cooperação na CPLP", em Oeiras, Portugal. Esta reunião teve como resultado o início de um exame sistemático dos normativos e procedimentos utilizados pela cooperação da CPLP que ficaria conhecido como "Reflexão sobre o reforço do enquadramento estratégico da Cooperação da CPLP". O desiderato deste processo teve como resultado a produção dos seguintes documentos: Documento Estratégico de Cooperação da CPLP 2020-2026; Quadro Bienal de Cooperação; Manual da Cooperação na CPLP; Regimento Interno da RPFC e Revisão do Regimento do Fundo Especial da CPLP.[3]

O processo de reflexão, que teve lugar entre 2016 e 2020, reconheceu a necessidade de criar normativos que sistematizassem as informações gerais sobre a estrutura e a orgânica da Cooperação da CPLP, os seus atores, os instrumentos estratégicos, operacionais e metodológicos utilizados, as bases legais e os procedimentos de gestão associados. As ideias-base subjacentes a este exame foram: a) a definição de uma visão de

3 Esses documentos foram aprovados pela RPFC (na sua XLI Reunião, de abril de 2021), tendo a sua ratificação ocorrido no decurso da XXVI ROCM da CPLP, realizada em Luanda, Angola, em julho de 2021.

conjunto sobre a governação da cooperação da CPLP, nomeadamente sobre os atores responsáveis, os fluxos de comunicação e os processos de decisão no desenvolvimento de atividades de Cooperação, incluindo as decorrentes dos PECSET; b) o aperfeiçoamento dos fluxos, práticas, procedimentos e metodologias para a gestão da cooperação da CPLP e c) a revisão e consolidação da tipologia de atividades de cooperação a desenvolver, para propiciar uma orientação mais focada e alinhada entre todos os atores que, direta ou indiretamente, intervêm na cooperação da CPLP.

Este exercício seria suportado pela aprovação da "Resolução sobre o Reforço do Enquadramento Estratégico da Cooperação na CPLP", pela XXIII ROCM (Santa Maria, Cabo Verde, em julho de 2018), que reconheceu a necessidade de dar continuidade aos esforços prosseguidos para o reforço do pilar da cooperação da CPLP, promovendo a sua harmonização global, buscando uma melhor articulação entre os diferentes tipos de atores, melhorando a comunicação, a imagem e a monitorização e, consequentemente, a avaliação de resultados. A aprovação da referida resolução veio consolidar o pensamento vertido na "Visão estratégica da CPLP para o período de 2016 a 2026", revigorando a certeza de que a Cooperação entre os Estados-Membros da CPLP e desta com distintos parceiros de desenvolvimento é um pilar estratégico da Organização, que permite afirmar a identidade dos seus Estados-Membros e reforçar os laços culturais, sociais, económicos e políticos entre estes.

Em julho de 2021, a cidade de Luanda, capital de Angola, acolheu a XIII Conferência de Chefes de Estado e de Governo da CPLP, reunião que assinalou o 25º aniversário da Comunidade. De forma geral, este quarto de século pode ser caracterizado por uma dinâmica que se tem traduzido numa crescente visibilidade e reconhecimento do papel da CPLP no domínio de cooperação para o desenvolvimento, permitindo consolidar a imagem da CPLP como uma organização respeitada e procurada de forma crescente para o estabelecimento de parcerias internacionais. Daqui têm resultado ganhos, ainda não completamente explorados, que devem continuar a ser potenciados para a afirmação decisiva do potencial geopolítico e geoestratégico da Comunidade.

Quadro 1. Organização da Cooperação da CPLP em 2021	
A cooperação da CPLP é organizada de forma integrada, coordenada e harmonizada, com base nos seguintes elementos:	▪ Prioridades definidas pelos seus Estados-Membros. ▪ Iniciativas programadas pelos seus órgãos estatutários decorrentes da sua visão estratégica. ▪ Estratégias aprovadas sectorialmente. ▪ Prioridades definidas pelas presidências *pro tempore*.

Em 2021, a cooperação da CPLP adotou em definitivo uma visão claramente transversal, promovendo a interligação entre várias áreas e setores, alinhando-se de forma coerente com os compromissos expressos na

Agenda 2030 para o Desenvolvimento Sustentável e com os ODS. Mas para aqui chegar houve um longo caminho a percorrer, e, por essa razão, é necessário continuar a consolidar e fomentar a participação da CPLP no sistema internacional de cooperação para o desenvolvimento, o que só será possível com a contínua melhoria da atuação estratégica e operacional da cooperação da CPLP.

O reforço da atuação comunitária no domínio da cooperação tem conferido à CPLP um incremento do seu dinamismo e capacidade de influência nas agendas nacionais e internacionais. O potencial de cooperação para o desenvolvimento sustentável, a transversalidade e intersectorialidade inerentes à escolha dos setores e à forma como a CPLP vem trabalhando permitem consolidar a dimensão da CPLP como ator multilateral de relevo, opção que urge explorar e potenciar.[4]

---

4 Desde 1998 a CPLP aprovou diferentes Resoluções que visam contribuir para um esforço sistemático de enquadramento e alinhamento estratégico da cooperação da CPLP. Esse rico elenco de decisões é o seguinte: 1) Acordo Geral de Cooperação no âmbito da CPLP, em julho de 1998; 2) Resolução que cria o Regimento do Fundo Especial da CPLP, em julho de 1999; 3) Resolução sobre a Alteração do Regimento do Fundo Especial da CPLP; em julho de 2005; 4) Resolução sobre a Estratégia Geral de Cooperação da CPLP, em julho de 2006; 5) Declaração dos Objetivos de Desenvolvimento do Milénio, em julho de 2006; Resolução sobre a Aprovação do Programa Indicativo de Cooperação (PIC) para o Médio Prazo, em julho de 2007; 6) Resolução sobre o Regulamento

Com efeito, a cooperação no espaço multilateral da CPLP permite a criação de condições para a continuidade do diálogo político e diplomático, o estabelecimento de acordos e instrumentos perenes, além de ferramentas que contribuem para uma atuação conjunta e potenciem a projeção da Comunidade no sistema internacional. A cooperação da CPLP deve explorar

---

dos Observadores Consultivos da CPLP; 7) Resolução sobre a Adoção de um Quadro Orientador para a Elaboração dos Regimentos Internos das Reuniões Ministeriais da CPLP, em julho de 2009; 8) Resolução sobre o Documento "Cooperação na CPLP – Uma visão Estratégica de Cooperação pós-Bissau", em julho de 2009; 9) Resolução sobre a Revisão do Regimento do Fundo Especial da CPLP, em julho de 2010; 10) Resolução sobre o Fortalecimento dos Pontos Focais de Cooperação da CPLP, em julho de 2010; 11) Projeto de Resolução sobre a Revisão do Regimento do Fundo Especial da CPLP, em julho de 2011; 12) Resolução sobre a Coordenação entre os Secretariados Técnicos Permanentes das Reuniões Setoriais e os Órgãos Políticos e Executivos da CPLP, em julho de 2011; 13) Resolução sobre o Programa Indicativo de Cooperação da CPLP – 2013-2016, em julho de 2012; 14) Resolução sobre a Agenda do Desenvolvimento Pós-2015, em julho de 2013; 15) Resolução sobre o Reforço da Concertação entre a CPLP e Agências Internacionais de Desenvolvimento, em julho de 2014; 16) Resolução sobre os Planos Estratégicos de Cooperação Setorial da CPLP, em julho de 2014; 17) Resolução sobre o Reforço da Capacidade de Atuação dos Pontos Focais de Cooperação da CPLP, em julho de 2016, 18) Resolução sobre o Reforço do Enquadramento Estratégico da Cooperação na CPLP, em julho de 2018, e 19) Resolução sobre a Orientação Estratégica da Cooperação da CPLP, em julho de 2019.

complementaridades e sinergias que potenciem mais-valias no quadro das dinâmicas de cooperação que vêm sendo geradas e protagonizadas por distintos atores setoriais. Os novos desafios, gerados pelos êxitos alcançados na vida da CPLP, e as profundas alterações estruturais no cenário mundial e nos contextos nacionais dos seus Estados-Membros exigem um olhar claro sobre os caminhos a serem trilhados no enquadramento estratégico da cooperação da CPLP. Reforçar esta cooperação e concretizar uma visão de conjunto permitirá também comunicar mais eficientemente os sucessos alcançados e o contributo coletivo dos Estados-Membros da CPLP para a prossecução da Agenda 2030 para o Desenvolvimento Sustentável e para os objetivos por ela definidos.

O "Documento Estratégico de Cooperação da CPLP 2020-2026" (DEC), aprovado em julho de 2019 na XXIV ROCM, que se realizou no Mindelo, Cabo Verde, identifica como setores prioritários de intervenção até 2026: a) Ambiente e Alterações Climáticas; b) Ciência, Tecnologia e Ensino Superior; c) Cultura; d) Direitos Humanos e Boa Governação; e) Educação; f) Energia; g) Igualdade de Género e Empoderamento da Mulher; h) Juventude e Desportos; i) Saúde; j) Segurança Alimentar e Nutricional, e k) Turismo. A escolha destes setores obedece, claro, a critérios políticos, permitindo que a cooperação da CPLP seja organizada de forma integrada, coordenada e harmonizada, com base a) nas prioridades definidas pelos seus Estados-Membros; b) nas iniciativas programadas pelos seus órgãos estatutários, decorrentes da sua Visão Estratégica; c) nas estratégias aprovadas sectorialmente, e d) nas prioridades definidas pelas presidências rotativas da Comunidade. Desta forma, o DEC estabelece um quadro orientador, que define as opções estratégicas da cooperação da CPLP para o médio prazo. Esse quadro de referência oferece uma oportunidade para que se redinamize o planeamento e se sistematizem intervenções pluridisciplinares em setores que, pela sua transversalidade, possuem a capacidade de fomentar intervenções sinérgicas, buscando níveis acrescidos de coerência, harmonização e coordenação.

No quadro da cooperação da CPLP, as estratégias setoriais, refletidas nos PECSET, foram sendo construídas tendo em conta que potenciam o trabalho em rede e a transversalidade. Esta abordagem tem permitido o alargamento da colaboração entre as diferentes áreas técnicas de cooperação da CPLP e o estabelecimento de diferentes plataformas de diálogo com diversos parceiros de desenvolvimento.[5] A título meramente ilustra-

5 São 14 os PECSET em vigor na CPLP: 1) Plano Estratégico de Cooperação em Saúde (PECS); 2) Estratégia de Segurança Alimentar e Nutricional da CPLP (ESAN-CPLP); 3) Plano Estratégico de Cooperação em Ambiente (PECA); 4) Estratégia dos Oceanos da CPLP; 5) Plano Estratégico de Cooperação para a Igualdade de Género e Empoderamento da Mulher (PECIGEM); 6) Plano Estratégico de Cooperação Juventude – Carta da Juventude da CPLP; 7) Convenção Multilateral de

Quadro 2. Visão Estratégica da Cooperação da CPLP

Documento Estratégico de Cooperação da CPLP – 2020-2026	Instrumentos orientadores	Setores prioritários de intervenção do DEC 2020-2026
Aprovado em julho de 2019, na XXIV ROCM	▪ A Visão Estratégica da CPLP 2016-2026. ▪ A Agenda 2030 para o Desenvolvimento Sustentável e os Objetivos de Desenvolvimento Sustentável (ODS). ▪ As deliberações de órgãos da CPLP: Conferência de Chefes de Estado e de Governo da CPLP (CCEG), Reunião Ordinária do Conselho de Ministros (ROCM), Comité de Concertação Permanente (CCP), Reuniões Ministeriais Setoriais (RMS) e RPFC.	▪ Ambiente e Alterações Climáticas. ▪ Ciência, Tecnologia e Ensino Superior. ▪ Cultura. ▪ Direitos Humanos e Boa Governação. ▪ Educação. ▪ Energia. ▪ Igualdade de Género e Empoderamento da Mulher. ▪ Juventude e Desportos. ▪ Saúde. ▪ Segurança Alimentar e Nutricional. ▪ Turismo.

tivo, refira-se o caso da intervenção da CPLP na área da saúde, segurança alimentar e nutricional e trabalho infantil, setores em que a organização é apresentada por instituições como o Banco Mundial, a Organização das Nações Unidas para a Alimentação e a Agricultura (FAO) e a Organização Internacional do Trabalho (OIT) como um exemplo de boas práticas. Caso a CPLP consiga sedimentar esta orientação estratégica com um compromisso político crescente e com a identificação de mais recursos, será possível continuar a assistir a um reforço de dinâmicas que poderão ser muito interessantes para a Comunidade. Particularmente num cenário de recuperação da emergência provocada pela pandemia da covid-19 e com a aproximação crescente de países que requerem o estatuto de Observador Associado.[6]

Segurança Social da CPLP; 8) Plano de Ação de Combate ao Trabalho Infantil na CPLP; 9) Plano Estratégico de Cooperação em Energia (PECE); 10) Plano Estratégico de Cooperação em Turismo (PECTUR); 11) Agenda Digital da CPLP; 12) Plano Estratégico de Cooperação Multilateral no Domínio da Ciência, Tecnologia e Ensino Superior da CPLP; 13) Plano Estratégico de Cooperação Multilateral no Domínio da Educação (2015-2020) e 14) Plano Estratégico de Cooperação Cultural Multilateral da CPLP (2014-2020).

6 Em julho de 2021, após a realização da XIII Conferência de Chefes de Estado e de Governo da CPLP, realizada em Luanda, a CPLP passou a contar com 32 Observadores Associados: 28 países (Andorra, Argentina, Canadá, Chile, Costa do Marfim, Espanha, Estados Unidos da América, França, Geórgia, Grécia, Hungria, Ilha Maurício, Índia, Irlanda, Itália, Japão, Luxemburgo, Namíbia, Peru, Qatar, Reino Unido,

Quadro 3. Transversalidade na atuação da Cooperação da CPLP	
A cooperação da CPLP fomenta a ligação entre as deliberações resultantes das Reuniões Ministeriais Setoriais (RMS), que se expressam em:	▪ Planos de Ação (PAT) bienais. ▪ Planos Estratégicos de Cooperação Setorial (PECSET) de médio prazo. ▪ Deliberações das Reuniões de Pontos Focais de Cooperação (RPFC) da CPLP.

O potencial de cooperação inerente a setores como a energia, os oceanos, a juventude, os direitos humanos, a educação para o desenvolvimento e a segurança alimentar e nutricional, a saúde e o ambiente, aliados a práticas inovadoras de cooperação, se corretamente enquadrados e observados, permitirão conferir à CPLP a dimensão de ator multilateral que a Comunidade merece. Porém, em todo este quadro existe um desafio incontornável. A CPLP terá que continuar a apostar, de forma empenhada e comprometida, num esforço de capacitação institucional das suas instituições e valorização do seu potencial humano. Só assim será possível dar substância aos desafios que a conjuntura presente e futura colocará.

A universalização e plena concretização dos objetivos e metas da Agenda 2030 pode ser colocada em

República Checa, República Eslovaca, Roménia, Senegal, Sérvia, Turquia e Uruguai) e 4 organizações internacionais (Conferência Ibero-Americana, G7+, Organização de Estados Ibero-Americanos para a Educação, a Ciência e a Cultura e a Organização Europeia de Direito Público).

causa pela quebra significativa no financiamento internacional disponível para apoio aos países em desenvolvimento. Esta situação poderá agravar-se por via dos efeitos provocados pela pandemia da covid-19 e consequente aumento de programas não regulares de cooperação, baseados em ações de emergência e humanitárias. No caso concreto da CPLP e apesar das dificuldades que são conhecidas, numa lógica de mitigação dos impactos provocados pelo covid, os recursos e o património natural e humano disponíveis permitem ambicionar uma distinção que poderia ser positiva num melhor atendimento da concretização da Agenda 2030 e dos seus ODS. Para que tal se pudesse materializar, poder-se-ia equacionar a promoção de uma lógica de intervenção com carácter amplamente transversal – um olhar a 360 graus –, em que os esforços políticos encorajassem as ligações funcionais que se podem estabelecer entre diferentes ODS, numa estratégia de complementaridade, sustentabilidade e aproveitamento mais eficiente das parcerias e oportunidades de financiamento que sejam identificadas. Em suma, um modelo horizontal que contribua decisivamente para a eliminação da pobreza e redução das iniquidades sociais. No âmbito da CPLP, o sucesso desta estratégia estará dependente do fortalecimento do trabalho em rede entre o setor público, a sociedade civil, as instituições do terceiro setor, a academia e o setor privado, o que contribuiria para que as instituições se possam tornar cada vez mais fortes, eficazes e inclusivas, garantindo a paz social, a justiça, a educação e cuidados de saúde de qualidade.

Tendo presentes os setores e estratégias às quais vimos aludindo, estamos convencidos de que estas possuem um interesse concreto e efetivo para incrementar os níveis de desenvolvimento humano da Comunidade e assim contribuir para uma recuperação mais sustentada no pós-covid. Mas, para que estas dimensões possam ser devidamente apropriadas, a implementação destes programas no contexto da CPLP requer a participação concertada, ativa e empenhada de todos os detentores de interesse envolvidos no processo, numa lógica de desenvolvimento e sustentabilidade. Para isso a CPLP deve reforçar as suas parcerias com várias tipologias de parceiros, promovendo uma visão de conjunto que possibilite a adoção de ações e políticas sociais integradas e complementares, vinculando-se a temas da agenda global como por exemplo a educação para o desenvolvimento e cidadania, estabilização e manutenção da paz, os direitos humanos, as alterações climáticas, os oceanos e a biodiversidade e a saúde pública e a inovação em saúde, integrando-se assim, de forma harmoniosa, num mecanismo de parceria global para o desenvolvimento. Para que isso se concretize, poderia ser oportuno consolidar a visão que acima se apresentou focando a intervenção em oportunidades que permitam a) abordar os temas numa dimensão transversal, promovendo a coordenação e a complementaridade entre políticas sectoriais e outros atores ou parceiros internacionais;

b) fomentar mais a cooperação com o espaço alargado da sociedade civil,[7] e c) incentivar ainda mais o trabalho em rede, promovendo o diálogo e articulação entre os pontos focais da CPLP de todos os setores com os órgãos coordenadores e superiores da CPLP bem como com o espaço da sociedade civil da CPLP.

A XII Conferência de Chefes de Estado e de Governo da CPLP, realizada nos dias 17 e 18 de julho de 2018, na ilha do Sal, em Cabo Verde, constituiu um momento importante na afirmação do potencial estratégico da CPLP. E não apenas porque permitiu uma normalização do equilíbrio geopolítico entre os seus Estados-Membros, deliberações promissoras no domínio da livre circulação e mobilidade no espaço comunitário, mas também porque possibilitou que fosse reiterada a importância da cooperação para o desenvolvimento sustentável na CPLP. Se a conjuntura atual pode oferecer um contexto interessante para um alinhamento virtuoso entre as propostas da agenda internacional e as prioridades para o desenvolvimento sustentável dos Estados-Membros da CPLP, o que a realidade próxima nos transmite é que se revela muito desafiante projetar

---

7 Recorde-se que a CPLP dispõe de um Fórum da Sociedade Civil, de uma Confederação Empresarial da CPLP, de uma Confederação Sindical e de mais de 100 organizações que beneficiam do estatuto de Observador Consultivo. Portanto, poderia promover um papel institucional no diálogo social entre os Governos e os parceiros sociais, explorando as sinergias que daí possam resultar.

qualquer tipo de planeamento no pós-covid-19, seja no médio, seja no longo prazo.

Do ponto de vista da cooperação internacional, a conjuntura covid trouxe algumas incertezas quanto à disponibilização que poderá ser feita de insumos para o desenvolvimento sustentável e se tal conjuntura implicará (ou não) um reforço de atividades de ajuda de emergência e humanitária, em detrimento da programação de modelos regulares de cooperação para o desenvolvimento, como acima já se aludiu. Embora as economias avançadas tenham implementado uma resposta de política fiscal e monetária sem precedentes para lidar com a crise, a resposta política nos países em desenvolvimento tem sido mais frágil, uma vez que persiste a necessidade de continuar a atender ao pagamento do serviço da dívida externa, ao mesmo tempo em que a entrada de divisas também diminui. Neste contexto, os países em desenvolvimento, entre os quais se situam alguns dos membros da CPLP, enfrentam o duplo desafio de financiar a resposta à pandemia e evitar uma grande crise da dívida, que poderá atrasar o progresso em direção aos ODS por muitos anos.

Os exemplos mais recentes no acesso e distribuição da vacina contra a covid-19 são bem demonstrativos da fragilidade destes países e do potencial de alargamento das iniquidades que daí resultam. Neste contexto existe uma oportunidade para que a CPLP reforce o seu papel enquanto ator de cooperação internacional na proteção e promoção dos direitos humanos, reconhecendo que só assim será possível sua plena e universal realização, bem como a importância das práticas de boa governação e de transparência, enquanto elementos fundamentais no processo de fortalecimento da cidadania, das instituições e dos princípios democráticos. Para tanto, urge reforçar, tal como se apela na Resolução sobre a Promoção e Proteção de Direitos Humanos na CPLP, aprovada pela XVIII ROCM da CPLP, de julho de 2013, a cooperação com o Sistema das Nações Unidas e outros parceiros internacionais.[8]

Apesar do cenário muito positivo que foi possível descrever, existem ainda alguns constrangimentos que impedem a Comunidade de exercer um poder funcional que poderia ser mais ativo e reconhecido no plano das relações internacionais. E alguns destes constrangimentos são de cariz interno, inerentes à dinâmica própria da Organização e dos Estados que a compreendem. Destacaríamos apenas dois: a) as pouco expressivas contribuições regulares ou voluntárias para a cooperação da CPLP, quando comparadas com organizações de dimensão e potencial equivalente e b) a dificuldade de perceção do papel da CPLP pelos seus cidadãos, e até por parte de alguns dos seus líderes políticos, projetando um deficit de conhecimento mútuo e um olhar

8 O "Programa de Apoio à Integração da Guiné Equatorial na CPLP (2021-2022)", elaborado pelo Secretariado Executivo da CPLP e atualmente em execução, contribui para a consolidação dessa visão pela Comunidade.

Quadro 4. Financiamento da Cooperação da CPLP

Fundo Especial da CPLP	**Projetos de cooperação financiados pelo Fundo Especial**	**Recursos do FE afetos a projetos (comprometidos + em execução)**

▪ O FE tem a natureza de Fundo Internacional e é o instrumento primordial para o financiamento de atividades da Comunidade dos Países de Língua Portuguesa.
▪ O FE é tutelado pela CPLP, cabendo regimentalmente ao Secretário Executivo da CPLP, conforme al. f) do nº 3 do Art. 18º
	▪ Estão em execução cerca de 25 projetos com tipologias e domínios muito diversos, mas com um enfoque prioritário na partilha de conhecimentos e competências.
	▪ O FE é composto por contribuições voluntárias dos EM, habitualmente consignadas a projetos concretos, o que não permite um exercício de programação plurianual com base em recursos livres.
	▪ Exemplos de projetos em curso ou concluídos:
	  ▪ Rede de Instituições Públicas de Educação Superior (RIPES).
	  ▪ Base de Dados Jurídica da CPLP.
	  ▪ Fortalecimento da Capacidade Política e Institucional de Agentes Governamentais
		▪ ± 6,5 MEURO.
		▪ Entre 2000 e 2020, foram executados ± 9,3 MEURO em projetos e ações pontuais.

dos Estatutos da CPLP a responsabilidade pela sua administração. ▪ Em julho de 2021 foi aprovado um novo Regimento do Fundo Especial da CPLP	e Não governamentais para a Promoção e Defesa dos Direitos das Pessoas com Deficiência. ▪ Apoio à Gestão e Monitoramento de Recursos Hídricos. ▪ Portal do Ensino Superior, Ciência e Tecnologia. ▪ Programa de Capacitação dos Laboratórios de Engenharia dos PALOP. ▪ Plano de Ética no Desporto na CPLP. ▪ Programa de Capacitação dos Sistemas Estatísticos Nacionais dos Países. ▪ “Meninos de Rua: Inclusão e Inserção”.	

ainda desconfiado sobre a Comunidade, apontando-lhe falta de credibilidade e capacidade organizativa.

Não obstante, 25 anos não é muito tempo na história de uma organização como a CPLP. E nada mais justo e adequado do que concluir que a CPLP dispõe de potencial para poder continuar a exercer um poder funcional no futuro, posicionando-se como um parceiro de relações internacionais e desenvolvimento muito válido, de enorme capacidade, competente e a tomar em devida linha de conta nos próximos 25 anos.

A COOPERAÇÃO NO ÂMBITO DA EDUCAÇÃO E DA CULTURA
– a humanidade da viagem

Mário Máximo

INTRODUÇÃO

Devo começar por dizer que constituiu, para mim, uma imensa honra ter sido convidado pelos organizadores da obra que celebra o primeiro quarto de século da CPLP: o Professor Doutor Rogério Faria Tavares (Presidente da Academia Mineira de Letras), ilustre académico e defensor da causa da lusofonia, e o Embaixador Lauro Barbosa da Silva Moreira, personalidade ímpar em termos nacionais (do Brasil) e em termos internacionais no que à lusofonia diz respeito. O facto, aliás, de a obra ser dedicada ao celebrado Embaixador José Aparecido de Oliveira (militante número um da causa da criação da CPLP) e ao Professor Ricardo Arnaldo Malheiros Fiuza, jurista de exceção e membro da cadeira número 7 da Academia Mineira de Letras, reforça o sentido de oportunidade e de responsabilidade da existência do livro onde este meu texto, modesto embora, se integra. Aproveito, aliás, para saudar todos os intervenientes neste relevante documento comum.

Quando penso em lusofonia sinto dentro de mim uma sensação ambivalente onde se funde o simples e o complexo; onde se funde o que vem de trás com o que há de surgir à frente. É neste quadro que – numa dinâmica simultânea de ser e estar do próprio conceito de lusofonia – o presente me exige a capacidade de agir e intervir.

Em recente entrevista de Daniela Braga,[1] uma senhora jovem, nascida no Porto, e que pertence ao grupo de trabalho (chamam-lhe *task force*) de inteligência artificial do Presidente Joe Biden, diz-nos que um dos objetivos da sua atividade é (cito): "... colocar-nos a falar e a ser compreendidos por qualquer máquina, tal como se estivéssemos a conversar com outro ser humano". A formação desta cientista é multidisciplinar[2] (se calhar, o tempo dos especialistas está a ceder terreno para os multiespecialistas ou sábios; um regresso, pois tudo na vida é circular embora em espiral).

Diz-nos, ainda, Daniela Braga que (cito):

---

1 *Diário de Notícias* de 14 de agosto de 2021.

2 Começou em Linguística, domina Engenharia e IA (Inteligência artificial). Criou a *DefinedCrowd*, uma organização que atua em Portugal, Europa e Estados Unidos da América e que hoje é voltada para "IA, ética e transparência".

> [...] a visão por computador é uma linguagem mais universal do que a parte linguística que é uma organização do mundo por uma cultura. A língua organiza o mundo pelo olhar de uma cultura e, por isso, varia de língua para língua.

Se a primeira afirmação nos coloca no estranho plano de querermos ser compreendidos por "qualquer máquina", já a segunda coloca-nos perante a *universalidade* da "linguagem das máquinas" em contravenção à linguagem, não forçosamente universal, das línguas das nações e dos povos.

Em termos de universalidade, o Esperanto surgiu como uma tentativa sólida para que os cidadãos do mundo se pudessem irmanar numa só língua que, em princípio, seria reconhecida por todos. Uma língua paralela a todas as línguas que se construíram durante a história e a evolução (prefiro dizer mudança) das mulheres e dos homens no devir das diferentes eras. Mas o Esperanto, embora eivado de um natural "romantismo", nunca conseguiu cumprir o desiderato para que foi criado e sonhado por Ludwik Lejzer Zamenhof. Com efeito, o Esperanto, como língua sem cultura específica, cultura sem maternidade ou paternidade, acabou por ficar acantonado numa espécie de gueto linguístico sem capacidade para se potenciar, crescer e, muito menos, globalizar.

O médico Ludwik Lejzer Zamenhof, criador do Esperanto, publica a versão inicial do idioma no ano de

1887. Era sua vontade a criação de uma língua de acesso e compreensão simplificados e que servisse como uma espécie de *língua franca internacional* para toda a Humanidade – embora não tivesse como fito o de relegar para segundo plano as línguas já existentes, pois tinha a noção de que a vertente maternal de uma língua não podia ser elidida na alma de nenhum povo.

Ao longo da história, as diferentes línguas confrontaram-se e competiram. Algumas mirraram em termos de falantes ou escreventes; outras exponenciaram-se, outras cumpriram a sua missão transitória e desapareceram. Nos tempos atuais, tempos de suposta modernidade, a língua inglesa tornou-se uma espécie de "esperanto comercial". Há quem afirma que quem quer fechar negócios pelo mundo fora é bom que se prepare para falar a língua inglesa. Todavia, a língua inglesa não se trata de uma língua falada unicamente por haver que efetuar negociações pelo mundo fora. A língua inglesa é também, obviamente, uma língua materna. A sua imparável globalização tornou-a uma língua de serviço. Não é, geralmente, uma língua de coração, de cultura, de nação. Claro que há sempre fenómenos de integração. A convivialidade entre nações, sobretudo numa época de comunicação globalizada através das redes sociais, gera influências recíprocas. Gera "invasões de território". De qualquer modo a convivialidade entre nações vem desde sempre. Perde-se no tempo. E Portugal será das nações que melhor o sabem e interpretam.

A língua portuguesa é uma língua em franca expansão. Uma língua que, estatisticamente, penso estar quantitativamente subavaliada. Os demógrafos falam de falantes que podem variar entre os 250 milhões de pessoas e os 300 milhões. Não podemos esquecer que para lá dos que falam a língua portuguesa, enquanto residentes nos países que a consagraram como língua oficial, há toda uma "nação" constituída pelas diferentes diásporas de língua portuguesa existentes pelo mundo, pelos cinco continentes. Eu diria que são dez as nações de língua oficial portuguesa. As nove que constituem a CPLP (Comunidade dos Países de Língua Portuguesa): Portugal, Angola, Brasil, Cabo Verde, Guiné-Bissau, Guiné Equatorial, Moçambique, São Tomé e Príncipe e Timor-Leste e a décima, que é constituída pelos cidadãos falantes da língua portuguesa pertencentes às diásporas de todos os países referidos, diásporas espalhadas pelos cinco continentes e pela esmagadora maioria dos países do mundo. É a este agregado global que podemos e devemos chamar de lusofonia!

A CPLP não nasceu, como a Comunidade Europeia do Carvão e do Aço (a CECA), de uma conjunção de interesses estritamente económicos. A CPLP não nasceu pelas razões de índole comercial que levaram à criação do Benelux. A CPLP, como o seu próprio nome nos diz – Comunidade dos Países de Língua Portuguesa –, nasceu por causa da existência histórica de uma língua. E, quando assim é, só podemos concluir que há uma nação lusófona global e que existe uma cultura lusófona global. Nação e cultura que incluem a contribuição histórica de cada um dos seus constituintes, bem como as ancestralidades também de cada um. A lusofonia não se confina à língua portuguesa. Mas sem a língua portuguesa, língua de inclusão, agregação e identidade, não faria sentido falar de lusofonia.

A língua portuguesa é a força motriz da lusofonia e, claro, da CPLP (como vimos, razão primeira da sua criação). As línguas maternas dos diferentes países da lusofonia não competem com a língua portuguesa, partilham assumindo a sua própria identidade e valoração cultural.

Não foi por acaso que homens da estatura moral e política do Embaixador José Aparecido de Oliveira e do Dr. Mário Soares estiveram na base da criação do conceito gerador da CPLP. Um conceito que, no exato momento histórico, gerou a transposição, para uma organização de cariz internacional e global, de uma ideia, de um sentimento e de uma substância latente e vigente um pouco (um muito!) por todo o mundo.

A AFIRMAÇÃO DA LUSOFONIA OU "A HUMANIDADE DA VIAGEM"

Em 2017, no meu artigo "O universo da língua portuguesa",[3] escrevi:

---

3 *Lusofonia e francofonia:* a aliança da "latinoesfera", obra de vários autores, Edições Afrontamento, 2017.

> A cidadania lusófona pode ser encarada de muitas formas. Seguramente a mais importante de todas será a que deixe de parte as visões fechadas dos patriotismos sem utilidade. Será, ainda, aquela que deixe a história no seu lugar de história e queira construir, através de ações estruturadas no presente, os futuros que não soube plantar no passado. No quadro da cidadania lusófona, o que é importante é o que une porque é intercultural. O que cria visões prospetivas e mutuamente remuneratórias.

Está em curso um processo de afirmação da língua portuguesa. Não se trata de algo externo mas sim de algo que é intrínseco aos países da CPLP e às diásporas espalhadas pelo mundo fora. Os cidadãos lusófonos integram-se nas instituições de cada país de diáspora e assumem funções de responsabilidade. Mobilizam-se em associações e centros de difusão e aprendizagem que agregam mulheres e homens que sabem ser a língua portuguesa a língua que constitui "Um liame incontornável entre povos e culturas", como nos diz Antonieta Rosa Gomes, doutorada em estudos africanos, mulher de intervenção política e ativismo, quer na Guiné-Bissau, quer no Brasil, quer, agora, em Portugal.[4] A lusofonia é um conceito vivo, de raízes históricas que

4 GOMES, Antonieta Rosa. *A chave da lusofonia*. Chiado Editora, 2020.

sempre se projetaram para o futuro e que, agora, o faz de um modo cada vez mais intenso. Será uma força motriz que há de potenciar os povos e as gerações daquelas regiões ou países onde a língua portuguesa, lida, falada ou escrita, é um fator de agregação.

Os países de expressão oficial portuguesa têm de fazer muito mais se quiserem tornar real a sua vontade de constituir partilha entre todos os seus povos. Uma integração que a nenhum dos componentes diminuirá. Mas que, sem dúvida alguma, há de incrementar a capacidade operativa do seu conjunto. O conjunto dos cidadãos de língua portuguesa no mundo é um fator que potencia muito mais do que a soma aritmética das mulheres e dos homens que desse conjunto são parte integrante. Podemos afirmar que a lusofonia acrescenta!

A criatividade de cada mulher e de cada homem da lusofonia é o caminho para que a globalização lusófona do presente e a globalização lusófona do futuro sejam cada vez mais intensas e próximas dos respetivos povos. No poema de minha autoria cujo título é "A língua portuguesa" (reproduzido na íntegra no Anexo ao presente artigo) lê-se, a dado passo (cito):

> *"Amar uma língua é ter a chave para interpretar os segredos da existência.*
> *Uma língua é um universo de símbolos e sons.*
> *Um universo de significados e estéticas.*
> *Amar uma língua é influenciar todas as outras*

> *através das experiências extraordinárias de dialetos e idiomas*
>
> *em contacto nos tubos de utópicos vasos comunicantes*
>
> *que unem continentes tendo como pontes os oceanos*
>
> *e que unem oceanos tendo como pontes os continentes"*

De facto, creio ser muito importante que o primeiro passo, num contexto de enfoque lusófono, seja o de amar a língua portuguesa. Uma língua completamente aberta e viajante, uma língua cuja plasticidade enquanto língua falada e escrita mostrou, historicamente, capacidade de diálogo intercultural; plasticidade que os povos da lusofonia, pesem embora os momentos mais complexos da história vivida em comum, souberam criar, por vezes combater e, logo a seguir, regenerar.

Citando, de novo, versos do poema "A língua portuguesa", deixo-vos campo para uma reflexão "de poética introspetiva":

> *"Amar a língua portuguesa é pertencer à Humanidade da Viagem.*
>
> *É manusear a chave que não abre apenas a gaveta dos sonhos*
>
> *mas o contador universal onde moram todas as gavetas,*
>
> *pequenas e grandes,*
>
> *que podem levar à revelação dos limiares superiores."*

No vasto contexto da Humanidade no seu todo a lusofonia será, sem dúvida, uma *Humanidade da Viagem*. Na viagem se forjaram, desde há mais de cinco séculos, as comunicações entre povos de diferentes continentes, vivendo em diferentes comunidades e tendo diferentes ancestralidades. E sempre assim tem sido, mesmo hoje, onde os fluxos migratórios constantes, embora diferenciados de outros fluxos migratórios noutros tempos históricos, levam a que a língua portuguesa, viajando no coração dos migrantes oriundos de diferentes lugares da lusofonia, migre para diferentes lugares dessa mesma lusofonia ou para "ilhas diasporizadas", isto é, lugares onde são outras as tradições e outra a língua dominante.

A pandemia do novo coronavírus, com os seus confinamentos e isolamentos sanitários obrigatórios, pareceu estancar o fluxo migratório. E estancou mesmo, mas esse fluxo já está em retorno e voltará ainda mais intenso. Todavia, mesmo que as migrações possam diminuir fisicamente, elas acontecem através das múltiplas influências biunívocas e plurívocas geradas pelas redes sociais. A *Humanidade da Viagem* desloca-se em muitas embarcações.

DA COOPERAÇÃO EM EDUCAÇÃO NO ÂMBITO DA CPLP

É um natural lugar-comum dizer que a educação é um dos pilares fundamentais do desenvolvimento das sociedades em geral, porque é um pilar fundamental para o desenvolvimento dos povos, das comunidades onde se agregam e integram e para o desenvolvimento de cada cidadão, de cada mulher ou homem, encarados na sua dinâmica estritamente pessoal e também interpessoal.

Os países constitutivos da CPLP deveriam ter a educação como o seu farol de maior e mais potente iluminação. Há, apesar de tudo, escolhos neste caminho mesmo dentro da própria estrutura da CPLP enquanto organização. Escolhos que se enquistaram com o devir histórico e escolhos também gerados pelos níveis de desenvolvimento humano muito desiguais.

É ao nível da língua portuguesa e da história que maiores obstáculos podem surgir. Obstáculos relativos às políticas de educação seguidas em cada país e obstáculos no tocante ao ensino da história. As narrativas "heroicas" entre ex-colonizadores e ex-colonizados são narrativas que fazem sentido no âmbito da substancialização das nações mais jovens da lusofonia e, de um outro modo, fazem sentido no âmbito da substancialização das abordagens dos países lusófonos mais antigos. Mas que de todo não fazem sentido quando o que queremos operacionalizar é a lusofonia olhando os horizontes do futuro.

Portugal é, por natureza, o país onde tudo na lusofonia começou. É a nascente que irrigou os campos que viriam a plantar a "Árvore da Lusofonia". O Brasil tomou a parte autónoma que lhe competia desse testemunho, desde 1822. Mas só após o 25 de abril de 1974, em Portugal, juntando cinco novos países aos primeiros dois, é que o processo de criação de autonomias e independências se alargou em definitivo. Mais tarde, juntaram-se outros dois países: primeiro Timor-Leste e, depois (por razões completamente diversas), a Guiné Equatorial.

O ensino da história será o óbice mais complicado para ultrapassar. Cabe a cada país independente olhar e interpretar a sua história. Mas nenhuma visão parcial da história é conclusiva. Não serão os portugueses a escrever a história de Moçambique, nem os brasileiros a escrever a história de Angola. Mas o facto é que cada país lusófono escreveu páginas e páginas na história dos restantes países, pois o baú da história é a ancestralidade. Há um devir que não é contornável. Pode ter diferentes interpretações mas há um tronco comum, aliás, eu diria, há diversos troncos comuns na Árvore da Lusofonia.

Os níveis de desenvolvimento humano (no padrão avaliativo da Unesco), claramente diferenciados entre os países lusófonos, levam a que um outro fator de complexidade se junte à necessidade de uma interpretação de patamar mais elevado. Costumo, aliás, dizer que, ao olhar a "tabela dos índices de desenvolvimento humano", devem ser colocados os "óculos da humildade histórica". Sabemos que nenhum país da CPLP faz fronteira com outro ou outros países da CPLP. Os enfoques regional e continental ganham, assim, força. Mas uma coisa é certa: o enfoque da língua agregadora (no caso, e como é óbvio, a língua portuguesa) é aquele que está sempre presente e "atribui" identidade de grupo.

Não esqueçamos que em termos económicos, culturais e políticos encontramos as instituições mais relevantes do mundo global onde os países da CPLP estão integrados[5] (algumas são instituições de cariz global e mundial e outras de cariz regional). É da maior importância que, perante o mundo da francofonia, o mundo da língua inglesa, o mundo da língua castelhana, perante o mundo árabe, o mundo da China e da Índia, os países falantes da língua portuguesa assumam o seu papel *lusófono*. É tudo uma questão de políticas comuns, de estratégias comuns e de vontade comum! Vontade

5 ASEAN – Associação de Nações do Sudoeste Asiático; BAfD – Banco Africano de Desenvolvimento; BED – Banco Europeu de Desenvolvimento; BID – Banco Interamericano de Desenvolvimento; BM – Banco Mundial; CEEAC – Comunidade Económica dos Estados da África Central; CE-CPLP: Confederação Empresarial da Comunidade dos Países de Língua Portuguesa; CEDEAO – Comunidade Económica dos Estados da África Ocidental; CEMAC – Comunidade Económica e Monetária da África Central; CNUCED – Conferência das Nações Unidas para o Comércio e Desenvolvimento; CPLP – Comunidade dos Países de Língua Portuguesa; EUMOA – União Económica e Monetária da África Ocidental; FMI – Fundo Monetário e Internacional; MERCOSUL – Mercado Comum do Sul; NU – Nações Unidas; OIT – Organização Internacional do Trabalho; SADC – Comunidade para o Desenvolvimento da África Austral; UE – União Europeia; UNESCO; União Europeia; WTO – Organização Mundial do Comércio.

lusófona em toda a sua extensão! A CPLP pode e deve ter um papel relevante no conhecimento e na intervenção junto das diásporas, senão na sua gestão, pelo menos no conhecimento sustentável e integrado acerca de cada uma delas.

Afirmei no já referido artigo de 2017:[6] "*Cada país de língua portuguesa pode não ter capacidade para suprir todas as necessidades e realizar todos os sonhos dos seus cidadãos. Mas se houver uma política estruturada em termos de diáspora a saída de um cidadão pode não ser uma fatalidade. Assim se consiga criar no cidadão que sai do país a ideia de que continua a ser acompanhado pelos seus. E os seus, em sentido mais lato, poderão ser não só os que ficam no país de origem, como os que no país de destino têm a mesma proveniência ou, ainda, os que tendo outra proveniência falam a mesma língua*". O trabalho da CPLP junto das diásporas poderá ser "Uma tarefa mais para deuses do que para simples mulheres e homens" (ver enquadramento da frase na nota de rodapé seguinte).[7]

---

6 *Lusofonia e francofonia*, cit.

7 *Lusofonia e francofonia*, cit.: "O que afirmei para as migrações de cidadãos portugueses, poderia afirmar para os cidadãos dos restantes sete países da CPLP. A única diferença será o envolvimento regional (diverso em cada um) e as rotas de destino mais longínquo. Por aqui se pode perceber que avaliar as diásporas da lusofonia é uma tarefa ciclópica. *Uma tarefa mais para deuses do que para simples mulheres e homens.* Pois esta diáspora plural configurada pelas oito diásporas da língua portuguesa, é uma das forças mais extraordinárias da língua fundada pelo rei D. Dinis. A junção da ação de cada

De uma coisa não tenho eu dúvidas: é preciso que todos os países da CPLP tenham, nos seus programas de ensino, uma parte respeitante à CPLP. Há um défice gritante de conhecimento relativo ao porquê da sua existência, às razões da sua criação. Como há um défice gritante no tocante ao conhecimento de quais são os seus órgãos, como funcionam e que funções desempenham no quadro da cidadania de língua portuguesa e, portanto, da lusofonia.

DA COOPERAÇÃO NA CULTURA NO ÂMBITO DA CPLP

Na generalidade, há duas formas de pensarmos a lusofonia: com a força da afetividade que vem diretamente do coração ou com a reserva apriorística do preconceito baseado em factos históricos concretos. Aqueles que utilizam a primeira deixam-se cair, muitas vezes, na ausência de rigor analítico que todo o assunto substancial exige, pois é sabido que o coração não acrescenta independência de análise. Aqueles que utilizam o método da reserva apriorística do preconceito perdem-se, geralmente, nos labirintos que a história serve a quem entende que o coração e a emoção devem

país de expressão portuguesa com a ação das respetivas diásporas, diásporas que se fazem quer dentro do espaço CPLP quer extravasando (e muito!) desse espaço, outorga uma capacidade de ação estratégica que se devidamente utilizada no mundo global pode tornar a lusofonia num todo coerente e altamente competitivo".

estar fora da epistemologia de uma análise substantiva das diferentes realidades.

Na verdade, estou certo de que deve existir, quando pensamos a lusofonia, uma abordagem que integre a afetividade que deriva de uma história em comum de mais de 500 anos com a franqueza de análise que permite superar o trigo do joio dessa secular história.

A história, enquanto disciplina analítica, está sempre a ser reescrita. Todavia, os óculos das modernas abordagens não podem ser os mesmos que olham e interpretam o que vivemos na atualidade de 2021. Bastará pensarmos que na nossa própria vida particular, há 20, 30 ou 40 anos, tomámos decisões ou fizemos avaliações que, seguramente, hoje, não iríamos subscrever, perante os mesmos ou similares condicionalismos. Não é possível ajuizarmos, ao nível estratégico, o bom e o mau de um enquadramento histórico passado nos séculos XV, XVI ou XVII munidos do arsenal interpretativo do século XXI. Para além de que não consta, aliás, que os sábios de 2021 interpretem com mais rigor o seu tempo, comparativamente aos sábios de 1500 ou 1600.

Cada época tem o seu próprio filme. São as mulheres e os homens que, em cada momento, compõem a Humanidade, mulheres e homens com suas crenças e doutrinas, com suas regras e respetivas instituições, que, em cada época, carregam e manuseiam a câmara de filmar que irá avaliar a história. Dentro de cada época há momentos, há segmentos que a contextualizam nas suas diversas vertentes e em seus condicionalismos.

DA COOPERAÇÃO NA CULTURA NO ÂMBITO DA CPLP: A BIENAL DE CULTURAS LUSÓFONAS

A Bienal de Culturas Lusófonas,[8] em Odivelas, foi concebida para ser uma iniciativa que agregasse todas as componentes da cidadania de língua portuguesa. Que integrasse contribuições de todos os países que fazem parte da CPLP. Contribuições ao nível da arte, da cultura, das artes cénicas e performativas e da reflexão à volta dos grandes temas que dizem respeito à lusofonia. Transformou-se numa referência na Área Metropolitana de Lisboa e os seus ecos chegaram aos mais diversos pontos do país e mesmo da lusofonia em geral, transpondo fronteiras.

De dois em dois anos realizaram-se Exposições Coletivas de Artes Plásticas, Encontros de Escritores, Fóruns de Debate Estratégico, Apresentações de Teatro Lusófono e Espetáculos de Música e de Dança. Foram envolvidos todos os países de expressão oficial portuguesa e foram chamadas algumas instituições das diferentes diásporas, quer as diásporas residentes em Odivelas, quer as diásporas residentes noutros pontos de Portugal, quer também as diásporas em países de acolhimento cujas línguas oficiais não eram, claro está, a língua portuguesa.

---

8 A Bienal de Culturas Lusófonas foi criada em 2007, na Câmara Municipal de Odivelas (Portugal). Era Presidente da Câmara Municipal a Dra. Susana Amador. A mim, Mário Máximo, coube ser o Comissário Estratégico; o ator e encenador Manuel Coelho foi o Comissário Artístico da Bienal.

Foi criado um importante documento, documento de cariz pioneiro: "A Carta Municipal de Odivelas Para os Assuntos da Lusofonia". E lá ficaram plasmados dados estatísticos dos fluxos de migrantes, bem como inventariadas as diferentes instituições que trabalhavam ativamente com os migrantes das mais diversas proveniências lusófonas.

Em termos simbólicos foram colocadas, durante as diferentes edições da Bienal de Culturas Lusófonas, seis placas evocativas:

- Foi colocada uma placa evocativa no Centro Cultural Malaposta, homenageando o Embaixador José Aparecido de Oliveira pelo seu papel fulcral na criação do espírito agregador da cidadania global da língua portuguesa, que veio a criar as condições objetivas para a criação da CPLP. Nessa homenagem contou-se com a presença qualificada do Dr. Mário Soares e do Dr. José Fernando, filho do homenageado. Quando se fala de lusofonia e da CPLP é impossível olvidar o nome do Embaixador José Aparecido de Oliveira.
- Na Biblioteca Municipal D. Dinis foi dada à Sala de Leitura Principal o nome de uma grande e incontornável escritora portuguesa: Natália Correia. Natália Correia foi poetisa, romancista, ensaísta e estudiosa não académica da língua portuguesa. Assumiu papel relevante na luta contra a ditadura fascista de Salazar e exerceu magistério político muito ativo, após a revolução

de Abril, de modo a evitar que houvesse desvios ao espírito libertador da revolução dos cravos.

- No interior do Centro de Exposições de Odivelas foram descerradas outras duas placas que, por sua vez, celebraram duas personalidades muito importantes da lusofonia:
    a) Dra. Maria de Jesus Barroso Soares, mulher do Presidente Mário Soares, exemplo de cidadã e de lutadora pela liberdade e pelos direitos da mulher; enquanto primeira-dama e enquanto mulher de cultura lusófona, visitou diferentes países de expressão oficial portuguesa e teve papel determinante nas negociações que levaram a que em Itália, na Comunidade de Santo Egídio, se viesse a protocolar a paz entre a Frelimo e a Renamo. Foi, aliás, a Dra. Maria de Jesus Barroso Soares Presidente da Comissão de Honra da Bienal de Culturas Lusófonas.
    b) Malangatana: exemplo maior das artes plásticas de Moçambique e, portanto, da lusofonia. Refira-se que a placa foi descerrada pelos seus dois filhos, e logo depois de ter sido inaugurada uma Exposição Evocativa. Foi, diga-se, a primeira exposição de Malangatana realizada após o seu falecimento.
- No exterior do Centro de Exposições de Odivelas foram descerradas outras duas placas que, por sua vez, celebraram outras duas personalidades muito importantes da lusofonia:

a) Engenheiro Domingos Simões Pereira, então Secretário Executivo da CPLP. Com essa placa pretendeu-se celebrar a importância maior da CPLP, enquanto organização internacional representando a cidadania de língua portuguesa no mundo, bem como celebrar o papel determinante que estava a ser desenvolvido pelo homenageado. A sua obra ficou gravada a letras de ouro pela ação estratégica desenvolvida, potenciando a cidadania de língua portuguesa e suas respetivas culturas.

b) Lauro Barbosa da Silva Moreira, então Embaixador da Missão Permanente do Brasil Junto da CPLP. Missão que foi pioneira e que levou a que os restantes países da CPLP criassem um posto diplomático de funções idênticas. O magistério diplomático desenvolvido pelo homenageado foi de excelência, estabelecendo laços duradouros entre os diferentes postos diplomáticos dos diferentes países lusófonos e permitindo que se estabelecessem sinergias com diferentes instituições sediadas em Portugal e no exterior.

Com as referências feitas neste capítulo, quero enaltecer o papel estratégico que a arte e a cultura têm no âmbito de uma realidade, a lusofonia, que se baseou numa língua agregadora no passado, agregadora no presente e agregadora de futuros.

Quero, ainda, sublinhar que a cultura e, especificamente, a literatura têm de ter um papel da maior importância no diálogo entre os povos da lusofonia. É necessário que as escolas de cada país lusófono ensinem as obras dos mais relevantes escritores da língua portuguesa.

Ao inventariar seis placas comemorativas em Odivelas, não quis dizer que as políticas acertadas no plano da lusofonia se medirão pelas placas evocativas de personalidades ou instituições. O que quis e quero sublinhar é que, também no contexto lusófono, há uma vertente simbólica que se torna imperioso cultivar.

Ao fazer a evocação de personalidades como José Aparecido de Oliveira, Natália Correia, Lauro Barbosa da Silva Moreira, Maria de Jesus Barroso Soares, Malangatana e Engenheiro Domingos Simões Pereira, sei de fonte segura que falo de personalidades cuja obra os excede pelo muito, talvez ainda não devidamente avaliado, que através dessa obra alcançada foi entregue à lusofonia.

CONCLUSÃO

Este meu texto pretende ser um contributo para que olhemos a CPLP – Comunidade dos Países de Língua Portuguesa e, claro, a cidadania global de língua portuguesa, a lusofonia, de um modo sereno e, tanto quanto possível, rigoroso. Muito haverá ainda a interpretar e a debater. Não existe nenhuma verdade mas existe um caminho que tem de ser percorrido por todos os cidadãos, mulheres e homens, do mundo global da língua portuguesa, onde quer que tenham nascido, onde quer que residam, onde quer que trabalhem, onde quer que sofram ou amem e criem.

Nos 25 anos da CPLP direi que a sua formação foi uma excelente notícia e uma obra que se deveu a cidadãos visionários. Aqui, mais uma vez, celebro o Embaixador José Aparecido de Oliveira, embora muitos outros o tenham acompanhado e contribuído para que a obra nascesse: e a obra foi, é, será, a CPLP.

Confesso que esperaria mais, muito mais, de uma organização de cariz internacional. Vinte e cinco anos são já muitos anos para uma organização internacional. A responsabilidade de não se ter avançado mais estará ligada a fatores que estão escritos na história. Mas também estarão ligados à falta de visão de dirigentes de todos os países integrantes da CPLP. Quando alguém afirma (tal como agora e aqui eu afirmo) que a CPLP poderia *fazer mais* em prol da globalizada cidadania de língua portuguesa, esse alguém não se pode estar a referir, simplesmente, a uma instituição e aos seus departamentos, responsáveis e quadros. Quando a CPLP não funciona, isso significa que as lideranças de todos os países que a integram não estão a funcionar naquele que deveria ser o seu triplo e estratégico papel: liderar na defesa dos interesses do país que representa, assumir capacidade infinita de diálogo com os líderes dos restantes países parceiros, tendo sempre em vista que a língua portuguesa e a sua cidadania têm de ser engrandecidas. E isto porque fazê-lo dessa forma será defender de modo ainda mais intenso os interesses "individuais" de cada país. Uma lusofonia mais forte, uma política integrada e sustentável de cidadania de língua portuguesa mais forte, terá como resultante um país lusófono, individualmente considerado, ainda mais sólido na vertente interna e no diálogo internacional.

A língua portuguesa não é o esperanto da lusofonia; é, isso sim, a sua alma. Uma alma partilhada entre países que, assumindo a história específica que a cada um subjaz, assumem o tronco comum, o imenso tronco comum, de raízes seculares e permanente sentido prospetivo da imensa árvore que é a Árvore da Lusofonia. No início do meu artigo referi a cientista Daniela Braga. E agora de novo a refiro. Assisti a uma entrevista na televisão portuguesa em que ela afirma (e cito de memória) que: "O cérebro humano aprende com a vida; os cérebros artificiais aprendem com os dados". Também falou em políticas de futuro para a IA (Inteligência artificial), mas não deixou de sublinhar que a sua missão é trazer visibilidade à mulher, a Portugal e à língua portuguesa. Ainda acrescentou que no futuro que é já hoje "os teclados e os ratos estão destinados a desaparecer e que nesse futuro as vozes e os gestos é que irão contar para uma comunicação profícua". Segundo Daniela Braga, o tempo dos avatares e dos robôs é o tempo do futuro próximo.

Também os países integrantes da CPLP, com seus dirigentes e representantes, terão de saber encontrar os caminhos inovadores do futuro. Olhar o futuro, trabalhando em comum, trabalhando em comunidade(!), deve ser o desígnio da ação proativa da CPLP.

Quando outro livro como este estiver a ser preparado para celebrar os duplos 25 anos da CPLP, ou seja, os seus 50 anos, já o mundo será totalmente diferente e a globalização terá encontrado novas soluções para a Humanidade. Mas, no quadro da lusofonia, eu direi: a língua portuguesa continuará a ser o mesmo referencial. E com esse referencial a lusofonia irá prosperar. A Humanidade da Viagem continuará a entregar o seu inestimável contributo à Humanidade no seu todo.

Referências

GOMES, Antonieta Rosa. *A chave da lusofonia*. Chiado Editora, 2020.

OLIVEIRA, Isabelle de (coord.). *Lusofonia e francofonia: a aliança da "latinoesfera"*. Edições Afrontamento, 2017.

ANEXO

A Língua Portuguesa

Amar uma língua é ter a chave para interpretar
os segredos da existência.
Uma língua é um universo de símbolos e sons.
Um universo de significados e estéticas.
Amar uma língua é influenciar todas as outras
através das experiências extraordinárias
de dialetos e idiomas
em contacto nos tubos de utópicos vasos
comunicantes
que unem continentes tendo como pontes
os oceanos
e que unem oceanos tendo como pontes
os continentes.

Amar a língua portuguesa é pertencer
à Humanidade da Viagem.
É manusear a chave que não abre apenas
a gaveta dos sonhos
mas o contador universal onde moram todas
as gavetas,
pequenas e grandes,
que podem levar à revelação dos limiares
superiores.

Amar a língua portuguesa é poder descobrir
a teoria da relatividade
dos sentimentos que descobrem galáxias
e navegam quânticas probabilidades
e, logo a seguir, encontrar a teoria que nega
toda essa relatividade.

Amar a língua portuguesa é ser a língua
portuguesa.
Uma língua que não é pertença de ninguém.
Mas, todavia, tem uma história.
E essa história tem nomes e datas
e tempos e luzes.

Quem falou, escreveu e viveu a língua
portuguesa,
quem fala, escreve e vive a língua portuguesa,
quem vier a falar, a escrever e a viver a língua
portuguesa
teve, tem e terá a sua quota-parte nessa aventura.

As palavras da língua portuguesa unem.
Esse é o segredo.
(Mário Máximo, Julho, 11, 2017, *Odivelas*)

A Chave da Lusofonia

A chave da lusofonia é a língua portuguesa
Língua da escrita e da oralidade
Língua em que fui ensinada a falar e a escrever
E em que escrevo estes versos
Língua da poesia e de sonetos inéditos
de Luís de Camões
Expressos em versos líricos como:
"Amor é fogo que arde sem se ver
É ferida que dói e não se sente."

A chave da lusofonia é a história
Da vivência entre os povos
A história da lusofonia é a história de vários povos
Falantes da língua portuguesa
Na Europa, na África, na América Latina
e na Ásia
Que se cristalizou na aculturação dos povos
Resultado do legado histórico-cultural
Um liame incontornável entre povos e culturas.

A chave da história da lusofonia
É a língua portuguesa falada e escrita
Nos quatro Continentes e mais...

A chave da lusofonia
É a união entre cidadãos que exprimem em português
Em espaços geográficos diversos.

A chave atual da lusofonia
São as relações de amizade e de proximidade
Entre os povos do mundo lusófono
São as relações multiculturais
São as relações multilaterais de cooperação
Representadas pela Comunidade dos Países de Língua Portuguesa.
A chave do futuro da lusofonia
Será a eliminação de barreiras de circulação dos cidadãos
De países que formam o espaço linguístico português
Lusofonia é um espaço cultural em construção contínua!

Antonieta Rosa Gomes

O INSTITUTO INTERNACIONAL DA LÍNGUA PORTUGUESA DA CPLP
– aspectos da gestão de uma organização político-linguística original

Gilvan Müller de Oliveira

INTRODUÇÃO

Este texto pretende ser uma contribuição para a compreensão das políticas linguísticas da língua portuguesa, em especial no que se refere à gestão da sua promoção internacional.

Apresenta um olhar de proximidade sobre uma instituição que foi um desenvolvimento original da comunidade linguística do português e dos seus Estados, única no contexto das grandes línguas internacionais. Ao mesmo tempo que mostra o potencial do instituto para o desenvolvimento de uma língua pluricêntrica e compartilhada, apresenta as suas debilidades financeiras e políticas, levando o leitor a um melhor entendimento da comunidade dos povos e Estados de língua oficial portuguesa e do seu modo de gerir a língua.

1. O IILP E O SEU FUNCIONAMENTO

O *Instituto Internacional da Língua Portuguesa* é um filho que nasceu antes da mãe. A proposta da sua criação, em 1989, foi um importante passo no processo de constituição da *Comunidade dos Países de Língua Portuguesa* – a CPLP –, ocorrida em julho de 1996, e dentro da qual o IILP foi alojado institucionalmente quando ocorreu, anos mais tarde, a sua *instalação* (Brasil, 1989). O filho, que de certa forma deu origem à mãe, aparece efetivamente, então, no seio da CPLP e por encaminhamentos seus.

Para uma melhor compreensão da história do IILP, propomos dividi-la em quatro fases, a saber: 1. Concepção (1989-99), 2. Instalação (2000-05), 3. Consolidação (2006-10) e 4. Expansão (a partir de 2011), fases que serão consideradas no item 2 do texto. Antes, porém, é necessário considerar qual a sua missão, a sua estrutura básica e o seu funcionamento.

Segundo o ***Artigo 1º*** do Estatuto do IILP, elaborado e assinado na cidade de São Tomé, em 31 de julho de 2001:

> O Instituto Internacional da Língua Portuguesa, a seguir designado por IILP, é uma Instituição da Comunidade dos Países de Língua Portuguesa que goza de personalidade jurídica e é dotado de autonomia administrativa, financeira e patrimonial.

> O IILP tem por objetivos fundamentais a promoção, a defesa, o enriquecimento e a difusão da Língua Portuguesa como veículo de cultura, educação, informação e acesso ao conhecimento científico, tecnológico e de utilização oficial em fóruns internacionais. (IILP, 2001)

O IILP tem hoje uma vocação explícita de articulação dos recursos e esforços técnicos, científicos e financeiros dos Estados-Membros da CPLP, para a promoção, difusão e projeção da língua portuguesa, desenvolvendo a sua atividade como um órgão colegiado dos países, numa perspectiva inovadora de gestão internacional, intergovernamental e supranacional da língua (IILP, 2010).

Como instituição multilateral, o IILP é financiado por contribuições obrigatórias dos Estados-Membros, em uma proporção que espelhou a equação estabelecida para as contribuições dos membros da própria CPLP. O IILP, para além dessas contribuições, que conformam o grosso do orçamento anual, tem a possibilidade de captar recursos em editais de agências financiadoras, possibilidade que se efetivará de forma mais concreta a partir de 2011, ano em que o Instituto consegue captar 100 mil euros do Programa de Apoio às Iniciativas Culturais dos *Fundos* África-Caribe-Pacífico *da União Europeia* (Fundos ACP).

O mesmo estatuto define que o IILP é constituído de dois órgãos: de um lado a *Direção Executiva*, com sede na Casa Cor-de-Rosa, na Cidade da Praia, Cabo Verde, adjunta à qual ficam os funcionários da instituição, e, de outro lado a *Assembleia Geral*, depois renomeada, quando da atualização do Estatuto, em 2005, como *Conselho Científico*, constituída pelas *Comissões Nacionais dos Estados-Membros*, com um *Presidente* que convoca e preside as *Reuniões Ordinárias Anuais* e as *Reuniões Extraordinárias* do órgão, e zela pelo cumprimento das suas deliberações.

O cargo de Presidente do *Conselho Científico* é também rotativo, com um mandato de dois anos prorrogável por mais dois (IILP, 2001, p. 2); em geral, os cargos de Direção Executiva e de presidência do *Conselho Científico* são exercidos por países diferentes, embora a gestão 2014-18 tenha tido, em ambos os cargos, cidadãos de Moçambique. As *Comissões Nacionais dos Estados-Membros*, em geral instituídas nos Ministérios de Relações Exteriores ou nos Ministérios da Educação dos países, têm por tarefa acompanhar o trabalho da direção executiva, produzir e trazer para o Conselho as posições do seu país respectivamente às matérias tratadas, de modo a possibilitar os consensos necessários no âmbito do *Conselho Científico*.

Ao Diretor Executivo cabe, segundo o estatuto, administrar o IILP, submeter ao *Conselho Científico* os planos anuais de atividades, com os projetos a serem executados, os relatórios de atividades e de contas, bem como representar o IILP perante Governos e Organizações Internacionais, informando periodicamente a CPLP sobre as atividades desenvolvidas.

O nome do Diretor Executivo é proposto pelo Estado-Membro que tem a vez, na ordem alfabética da sequência iniciada por Angola e terminada por Timor-Leste, e seu nome é considerado e aprovado na Reunião do Conselho de Ministros das Relações Exteriores, que ocorre no âmbito das Cimeiras dos Chefes de Estado e de Governo da CPLP, que se realizam a cada dois anos. O mandato é de dois anos, renovável por uma vez mais. A posse ou apresentação do Diretor Executivo ocorre, depois da indicação, perante o Comitê de Concertação Permanente (CCP), órgão da CPLP formado pelos Embaixadores das Missões dos Estados-Membros (junto à CPLP) e que se reúne ordinariamente uma vez por mês na sede da organização em Lisboa. O CCP é o órgão que, entre outras coisas, lê e aprova as contas anuais do IILP, após o parecer exarado pelo Tribunal de Contas de Cabo Verde.

O *Conselho Científico* reúne-se uma vez por ano (até 2011 em julho e, a partir de então, em maio), por um período de dois ou raramente três dias, ocasião em que o diretor executivo apresenta a documentação cabível e são tomadas as decisões para o ano vindouro.

O IILP é uma instituição original, caso único de uma grande língua internacional que dispõe de um modelo de gestão moderno, paritário, multilateral, claramente definido, internacionalizado, e com regras para a participação de cada Estado nas políticas da língua.

Pode-se dizer também que a visão de criação de tal órgão, em 1989, e sua instalação, na entrada do século

XXI, foram visionárias, e muito além da própria capacidade das elites diplomáticas dos Estados-Membros em instrumentalizá-la, dada a concepção hegemônica de língua estar ainda fortemente comprometida com modelos do século XIX ou começo do século XX, em especial no que tange a dois pontos:

1. a identificação forte entre língua e literatura/beletrística, decorrente da ideia do "bem falar" e do cultivo linguístico, o que ajuda a manter uma visão monumental e elitista de língua incompatível com o movimento de inclusão, que seria adequado a uma organização multilateral onde todos os países são tratados como iguais;
2. a identificação entre língua e país/identidade nacional, o que conduz a modelos "nacionais" de promoção linguística que conflitam com a ideia de uma língua comum, internacional, pluricêntrica e pós-nacional, visão mais apropriada para uma instituição de cariz multilateral. Esse modelo "nacional" dá preferência a órgãos nacionais para a promoção da língua, o que por um lado acirra a competição entre países e diminui as chances de cooperação, e por outro ajuda a manter a ideia de hierarquia nas relações com a língua, isto é, que alguns países são mais donos da língua do que outros.

2. AS QUATRO FASES DA BREVE HISTÓRIA DO IILP

2.1 *Primeira fase: a concepção*

A criação de um instituto para a promoção, difusão e projeção da língua, gerido de modo internacional por uma comunidade de países, e não por um só país, foi uma ideia de cooperação institucional que surgiu do primeiro encontro de Chefes de Estado e de Governo dos Países de Língua Portuguesa, ocorrido em 1º de novembro de 1989, em São Luís do Maranhão, no Brasil.

Aquele primeiro encontro reservou à língua compartilhada, assim, o papel de plataforma inicial de cooperação entre os países – novos e mais antigos – no momento histórico posterior ao traumático processo de descolonização dos *Países Africanos de Língua Oficial Portuguesa* (PALOP), ocorrida depois de uma Guerra Colonial que se prolongou por 13 anos, de 1961 a 1974. Esse conflito causou dezenas de milhares de mortes e provocou êxodos internos importantes nos países africanos e a saída de grande parte da população portuguesa da África, cifra estimada em mais de meio milhão de *retornados*, o que foi acompanhado de perdas econômicas massivas para os PALOP e para Portugal (TEIXEIRA, 2010).

A Reunião de São Luís do Maranhão ocorreu menos de um mês após a queda do Muro de Berlim, no final d'*o curto século XX* (HOBSBAWM, 1995, p. 1), quando nascia a geopolítica do novo mundo pós-guerra fria, com a valorização de laços – culturais, linguísticos, históricos, regionais, religiosos – que já não respondiam à lógica de polarização do mundo na oposição global entre o bloco capitalista e o bloco comunista.

A lógica de criação do IILP, e depois da CPLP, isto é, a organização das relações entre os países que compartilhavam a língua portuguesa como oficial e um passado comum (ainda que perpassado pela *fratura colonial*), envolve, portanto, dois aspectos de grande transcendência geopolítica:

> 1. o estabelecimento de um modelo possível para a superação da *fratura colonial*, na medida em que a língua poderia passar a ser tratada como um bem comum, sobre a qual cada país tivesse voz e voto, numa relação entre iguais, em um modelo de relações diametralmente oposto ao que ocorria no contexto colonial, baseado na hierarquia e na subordinação, e
> 2. o aproveitamento das oportunidades surgidas pela desvinculação ou por uma maior independência do alinhamento automático com os blocos da Guerra Fria, que dividiu os países de língua portuguesa e dificultou sua coesão: enquanto Brasil e Portugal vincularam-se ao bloco capitalista liderados pelos Estados Unidos, os PALOP vincularam-se ao bloco comunista liderado pela União Soviética (OLIVEIRA, 2013).

Essa nova geopolítica encontra o Brasil de volta ao processo democrático, com a promulgação da Constituição Federal de 1988, e Portugal iniciando o seu processo de integração à União Europeia, datado de 1º de janeiro de 1986, enquanto Angola debatia-se com a guerra civil entre MPLA e UNITA, destinada a perdurar até 2002, e Moçambique com a guerra civil entre FRELIMO e RENAMO, que só terminaria em 1992. Timor-Leste continuava ocupado pela Indonésia e Cabo Verde, Guiné-Bissau e São Tomé e Príncipe iniciavam a transição do sistema de partido único para um sistema multipartidário, processo que estaria concluído até 1991.

Poder-se-ia propor, assim, que a ideia de um IILP como instrumento de cooperação de cunho geolinguístico foi pontapé inicial e protótipo para um adensar de relações que consolidaria a criação da CPLP em julho de 1996. Embora o IILP tenha sido proposto em 1989, a sua criação concreta foi autorizada apenas já em deliberações no âmbito da CPLP, ocorridas na Cimeira da Praia, em 17 de julho de 1998.

Segue-se a indicação do primeiro diretor executivo por parte do Governo de Cabo Verde, em 1999, e que iniciou os esforços para a criação de uma estrutura física, funcional e política, com base nos Estatutos, que, estando revisados em 1998, só viriam a ser aprovados definitivamente em 2001.

Desde a Reunião de São Luís do Maranhão vigorou a ideia de que a sede do IILP deveria ser em Cabo

Verde. Com a ausência de Timor-Leste num dos extremos geográficos da *lusofonia*, Cabo Verde ocupa o lugar mais central no "Atlântico Português", equidistante de Brasil e Portugal e próximo da África, onde estão hoje seis países de língua oficial portuguesa. Em 1989, ainda longe do final da guerra civil em Angola e em Moçambique, e com a necessidade de que a sede não ficasse nem em Portugal, antiga metrópole colonial, nem no Brasil, o país maior e mais populoso (MACHETE; VICENTE, 2010, p. 30), é sobre Cabo Verde que a escolha recai, com vistas à obtenção de um *equilíbrio estratégico*.

A disposição do IILP em Cabo Verde, no entanto, em uma situação de insularidade, na realidade de um país carente de recursos financeiros, técnicos e humanos, em especial nos primeiros anos de existência do instituto, e distante dos maiores centros demográficos da *lusofonia* e do(s) centro(s) de decisão da CPLP, com o acesso dificultado a fontes alternativas de financiamento, amplificou rapidamente a sensação de que o IILP não conseguia cumprir a sua missão. Assim, no livro comemorativo dos dez anos da CPLP, o capítulo sobre o Instituto, seis anos após a sua instalação, chama-se "ILLP [*sic*!] – Esse desconhecido" (CPLP, 2007).

2.2 *Segunda fase: instalação*

Indicamos o início do período de instalação com a gestão do primeiro diretor executivo do IILP, Mário Fonseca, de Cabo Verde, nomeado em 8 de setembro de 1999, em caráter interino, pelo Ministro da Educação,

Ciência, Juventude e Desporto de Cabo Verde, José Luis do Livramento Monteiro, a partir de recomendação do ponto 2 da Ata da Segunda Conferência de Ministros da Educação da CPLP, ocorrida em Brasília, em 5 e 6 de novembro de 1998.

O Ministro tem em conta Mário Fonseca, conforme expresso no documento, como "um prestigiado homem de letras, reconhecido internacionalmente e com perfil adequado para o exercício do cargo em apreço" (CABO VERDE, 1999).

Terá sob o seu encargo criar uma estrutura de funcionamento e de trabalho para o IILP, em meio a uma ausência quase total de condições financeiras e técnicas, e dependente de um fluxo de decisões demorada, que ocorre ao ritmo dos encontros e consensos dos Conselhos de Ministros da Educação e das Cimeiras dos Chefes de Estado e de Governo da CPLP, tarefa a que darão sequência os dois próximos diretores executivos do Instituto, também cabo-verdianos, Ondina Maria Duarte Fonseca Rodrigues Ferreira e Manuel da Cruz Brito-Semedo.

Caberá a Ondina Ferreira (2001-2004) instalar o IILP em sede provisória e proceder à criação da *Assembleia Geral do Instituto* (mais tarde renomeada como *Conselho Científico*), constituída por *Comissões Nacionais dos Estados-Membros*, órgão que se reuniu pela primeira vez em 2002, depois de os Estatutos terem sido aprovados em 2001.

No seu relatório final, analisado pela Assembleia Geral no seu terceiro encontro, realizado em 28 e 29 de julho de 2004, Ondina Ferreira avaliou que o seu mandato "se tratou de um período de estruturação do instituto, mais do que de realização de atividades-fins". No mesmo relatório destacou "a construção da página provisória do IILP na Internet, a realização do concurso para a criação do logotipo do IILP, a formatação de projetos e a sua participação em encontros dos *Três Espaços Linguísticos*" (IILP, 2004).

No mandato de Manuel da Cruz Brito-Semedo (2004-2006) o IILP se estabelece de forma definitiva na Casa Cor-de-Rosa, no Plateau, no centro histórico da Cidade da Praia, um casarão colonial restaurado datado da metade do século XIX, segundo algumas fontes, e do século XVIII, segundo outras (CPLP, 2007). Essa sede definitiva foi atribuída ao IILP pelo Acordo de 4 de maio de 2005 entre a República Portuguesa e o Instituto.

Também naquele momento, o Instituto seria integrado definitivamente como órgão adicional da CPLP, fato ocorrido durante a X Reunião do Conselho de Ministros dos Negócios Estrangeiros e Relações Exteriores, ocorrida em Luanda, em 2005.

O mandato de Manuel da Cruz Brito-Semedo transcorreu em meio a grandes dificuldades financeiras, dadas pelos poucos recursos aportados pelos Estados-Membros à instituição, uma situação, entretanto, das mais constantes na história do Instituto. Os Estados-Membros aprovam para o IILP apenas um orçamento de funcionamento, mas não um orçamento de investimento para o desenvolvimento de projetos, e mesmo esse orçamento de funcionamento raramente pode ser executado, dado que diversos Estados-Membros faltam ao pagamento das suas quotas obrigatórias e outros o fazem com grande atraso. Poucos Estados mantêm em dia as suas contribuições obrigatórias anuais.

O Diretor Executivo Manuel da Cruz Brito-Semedo, por ocasião da Reunião Técnica Preparatória da IV Assembleia Geral Ordinária do IILP, ocorrida em 11 de julho de 2005, por exemplo,

> *Aludiu à falta de retorno por parte das Comissões Nacionais à documentação enviada e dificuldades colocadas à execução do plano previsto decorrentes da situa*ção financeira do IILP, que impossibilitou a realização de deslocações previstas com vistas ao estabelecimento de parcerias e obrigou, no sentido de assegurar o funcionamento, a que fossem retidas as verbas destinadas ao pagamento do im*posto profissional (IUR) dos trabalhadores desde janeiro deste ano* (IILP, 2005).

2.3 Terceira fase: consolidação

A fase que chamamos de *consolidação do IILP* relaciona-se com o momento em que a maior parte da sua estrutura institucional está instalada: está documentada como organização institucional, tem sede própria e acordo de sede em Cabo Verde, com privilégios diplomáticos, estatutos aprovados pelos Estados-Membros, uma direção regularmente indicada e um orçamento, ainda que mínimo, aprovado. O pequeno corpo de funcionários está definido, sendo constituído por um assistente de direção, uma chefe de secretaria e uma secretária, além dos serviços gerais.

Até aquele momento, inclusive, o Diretor Executivo se preocupava, sobretudo, como mostram os documentos, com a criação da estrutura documental, sede, contratação de funcionários, e rege-se centralmente por recomendações da Assembleia Geral, de ordem muito díspar (desde recomendações para elaborar regimentos de funcionamento até indicações para acompanhar questões de interpretação da União Africana, por exemplo), e não por um documento superiormente aprovado indicador de uma política linguística para o português na CPLP. O período de consolidação coincide grandemente com a direção da linguista angolana Amélia Mingas (2006-2010). No seu mandato, manifesta-se a necessidade de uma política linguística comum, que desse um rumo às ações do instituto.

Ainda que o avanço do *Acordo Ortográfico da Língua Portuguesa de 1990* (AO90) tenha já sido tratado no IILP, desde 2005, passando a fazer parte regularmente das atas das Reuniões do Conselho Científico desde então, é na gestão de Amélia Mingas que São Tomé e Príncipe ratifica o acordo e, como terceiro país a fazê-lo, desencadeia a fase de implementação da nova ortografia, por conta das determinações do Protocolo Modificativo nº 2 do AO90. A partir de 2009, o AO90 entra em vigor no Brasil e em Portugal, com uma fase de transição, em que a velha e a nova grafia têm validade jurídica.

O fato de ter a Diretora Executiva pessoalmente a posição de que AO90 era prescindível para uma política da língua dificultou uma maior atuação do IILP no tema naquele momento inicial da sua entrada em vigor nos países que primeiro o ratificaram (INFOPRESS, 2010).

Nesse período de consolidação foi também proposto e aprovado um projeto para a elaboração do Plano Estratégico do IILP, envolvendo pesquisas prévias sobre áreas sensíveis da política linguística (língua e diásporas, língua e novas tecnologias, língua e organizações internacionais, modelos comparativos de gestão de línguas etc.) e, em seguida, a atuação de especialistas indicados pelas Comissões Nacionais do IILP, que consolidariam os resultados das pesquisas no Plano Estratégico 2010-20. O Ministério da Educação do Brasil se havia comprometido com o aporte dos recursos para a elaboração do plano, mas nunca chegou a fazê-lo, e o instrumento não foi desenvolvido. Dois projetos desta fase deixaram publicações:

1. A realização do primeiro Encontro Internacional promovido pelo IILP, no Mindelo, Ilha de São Vicente, Cabo Verde, que teve por temática *A Interpenetração da Língua e Culturas de/em Língua Portuguesa na CPLP*, ocorrido entre 24 e 28 de março de 2008 e que culminou na publicação das "Actas do Simpósio", em 2010. Segundo a Diretora Executiva Dra. Amélia Mingas, o projeto

> [...] permitir-nos-á saber em que medida as diversas e multifacetadas culturas locais se

> projectaram na língua portuguesa, criando nela marcas e matizes de tal modo notórios, que nos permitem, ao primeiro contacto, reconhecer a origem dos falantes. Será uma oportunidade de descobrirmos, em conjunto, como cada um dos Estados membros da CPLP contribuiu para o enriquecimento desta língua que a todos pertence e que queremos cada vez mais rica, cada vez mais abrangente (IILP; AULP, 2010).

2. A "Hora do Conto". Nascido em 2008, este projeto de edição da literatura oral da CPLP incluiu duas coletâneas de adivinhas e provérbios, abrangendo todos os países, e três coletâneas contendo contos de Angola, Brasil e Portugal. Assim explicava o projeto a Diretora Executiva:

> "A Hora do Conto" tem como base a situação linguística de três dos Estados membros, nomeadamente – Cabo Verde, Guiné-Bissau e Timor-Leste – porquanto existem, nesses Países, línguas locais de expansão nacional pelo que, as interações entre os seus habitantes dispensam, obviamente, a utilização da língua portuguesa. O projecto tem como objectivo criar condições para que os meninos usem a língua portuguesa: ouvindo contos, recontando-os, fazendo a leitura de gravuras, ilustrando-os e brincando e comunicando sempre através da língua comum (CPLP, 2010, p. 133).

Um terceiro projeto foi tematizado, de grande interesse no contexto multilíngue dos países da CPLP, mas não chegou a ser realizado. A temática será retomada mais tarde, e os Estados incluirão preocupações com as demais 339 línguas faladas no Espaço da CPLP, no Plano de Ação de Brasília para a Promoção, Difusão e Projeção da Língua Portuguesa, de 2010.

> O projecto "As línguas vivas no Mundo da CPLP" quer trazer à luz todas as línguas que conviveram e/ou convivem com a portuguesa, contribuindo, por esse facto, para o seu enriquecimento e consequente adaptação às diferentes situações socioculturais que caracterizam a nossa Comunidade. Ele constituirá, por outro lado, uma via para a tomada de consciência para a necessidade de recuperar as línguas em vias de extinção, existentes nos Estados Membros, indo ao encontro ao preconizado pela Unesco, relativamente a esse grupo de línguas. A sua recuperação tornará a nossa Comunidade mais rica, mais autêntica e permitirá uma melhor compreensão da contribuição das mesmas para o enriquecimento do acervo lexical que caracteriza a língua que a todos é comum (CPLP, 2010, p. 133).

Assim, o IILP tenta abrir um caminho para o cumprimento das suas obrigações estatutárias, mas tendo que investir boa parte das suas energias na construção da própria estrutura organizacional. Além disso, as propostas de alteração de estatutos canalizaram muitos dos esforços dos Estados-Membros, sem que depois houvesse condições para que pudessem ser aprovados por todos os países.

Em meio a uma crise financeira permanente, resultante da inconstância do cumprimento do pagamento das quotas obrigatórias e sem um documento maior, que plasmasse uma concepção comum de política da língua, foi certamente muito difícil desenhar uma estrutura adequada, que atendesse às expectativas dos governos e dos cidadãos dos Estados-Membros.

Apesar de todos os esforços instalou-se a ideia de que o IILP não funcionava, entre a esperança de que mudanças regimentais pudessem trazê-lo à vida e a ausência da fixação, em instâncias decisórias superiores, de metas político-linguísticas gerais por parte da CPLP, e que pudessem orientar efetivamente a ação do Instituto.

2.4 *Quarta fase: expansão*

Esta última fase da breve história do IILP relaciona-se com um evento maiúsculo para a política linguística concertada dos países de língua portuguesa, a realização, pelo Itamaraty (Ministério das Relações Exteriores do Brasil), por mandato da CPLP, da *I Conferência Internacional sobre o Futuro da Língua Portuguesa no Sistema Mundial (CIFLPSM)*, que ocorreu em Brasília em março/

abril de 2010. Nesse evento foi formulado e apresentado o *Plano de Ação de Brasília para a Promoção, a Difusão e a Projeção da Língua Portuguesa* (PAB), posteriormente aprovado na Cimeira dos Chefes de Estado e de Governo da CPLP, que ocorreu em Luanda, em julho de 2010 (CPLP, 2010).

A I CIFLPSM reuniu, em Brasília, delegações heterogêneas de todos os Estados-Membros da CPLP, além de representantes dos Observadores Associados e outros espaços, como a Galiza. Trouxe muitos especialistas e instituições que atuam na promoção da Língua, como o Museu da Língua Portuguesa de São Paulo, além de muitos artistas e espetáculos que deram ao evento, também, o aspecto de uma "festa da lusofonia" nos palcos da cidade. Teve uma parte aberta, com a participação de todos, e outra parte restrita ao corpo diplomático, onde se efetivou a redação do PAB.

O *Plano de Ação de Brasília para a Promoção, Difusão e Projeção da Língua Portuguesa*, decorrente da I CIFPSM, é um documento complexo de 13 páginas que cita o IILP dez vezes, atribuindo-lhe, pela primeira vez, tarefas consensuadas e destinadas à aprovação no mais alto nível, pelos Chefes de Estado e de Governo, na Cimeira de Luanda, três meses depois. O IILP saiu prestigiado e fortalecido com as missões a ele destinadas e com a visibilidade obtida.

No mesmo momento da aprovação do PAB, em Luanda, foi nomeado o diretor executivo para o mandato 2010-2012, o linguista brasileiro Gilvan Müller de

Oliveira, que teve o mandato prorrogado na Cimeira da CPLP, em 2012, e esteve à frente do Instituto até outubro de 2014. Assim que assumiu a direção, em 18 de outubro de 2010, articulou as dez ações indicadas para o IILP no PAB, em três projetos principais, e submeteu-os ao Conselho Científico do IILP, na sua II Reunião Extraordinária, ocorrida em Brasília de 6 a 10 de dezembro de 2010, que os aprovou.

Esses projetos foram: a) o *Portal do Professor de Português Língua Estrangeira / Língua Não Materna* (PPPLE), b) o *Vocabulário Comum da Língua Portuguesa* (VOC), cujos resultados foram apresentados aos Ministros das Relações Exteriores na Cimeira de Díli, em julho de 2014, e reconhecidos como patrimônio da CPLP, e c) a realização de quatro colóquios internacionais, em quatro diferentes países da CPLP, para aprofundar os quatro pontos estratégicos nomeados pelo PAB: a língua portuguesa:

1. nas organizações internacionais,
2. nas diásporas,
3. na Internet e no mundo digital e
4. no multilinguismo dos países da CPLP.

Articulada a este último projeto dos colóquios estava a criação da revista científica do Instituto, lançada em 2012, com o nome de *Platô*, em referência à localização da Casa Cor-de-Rosa na Cidade da Praia, no bairro Plateau, e que disponibilizou, num primeiro momento, os textos completos desses quatro colóquios internacionais estratégicos (IILP, 2012b).

3. PROJETOS DO INSTITUTO DECORRENTES DO PLANO DE AÇÃO DE BRASÍLIA (PAB)

3.1 O Portal do Professor de Português Língua Estrangeira / Língua Não Materna (PPPLE)

O IILP foi mandatado pelo Plano de Ação de Brasília para a Promoção, a Difusão e a Projeção da Língua Portuguesa para

> [...] criar uma plataforma comum na Internet relativa ao ensino do português, contendo, entre outros recursos: a) uma rede virtual de professores de português para a partilha de experiências pedagógicas e recursos didáticos e que possibilite b) acesso a recursos didáticos baseados nas tecnologias da informação e comunicação (CPLP, 2010, p. 8).

O PPPLE é uma plataforma *online* que tem como objetivo central oferecer à comunidade de professores e interessados, em geral, recursos para o ensino e a aprendizagem do português como língua estrangeira / língua não materna. Foi concebido, desenvolvido, é alimentado e tem sido gerido de forma multilateral, funcionando como instrumento de cooperação linguístico-cultural entre os Estados-Membros. Entrou no ar durante a *II Conferência Internacional sobre o Futuro do Português no Sistema Mundial*, ocorrida em Lisboa, em outubro de 2013, já com *Unidades Didáticas* (UD) de Angola, Brasil, Moçambique e Portugal. As *Unidades*

Didáticas (UD) têm estrutura comum, podem ser usadas e modificadas pelos professores, com retirada ou acréscimo de atividades, e são registradas com direito autoral de tipo *creative commons*.

Estavam disponíveis *online*, no final de 2014, 350 *Unidades Didáticas* de cinco países (Angola, Brasil, Moçambique, Portugal e Timor-Leste), cada uma delas prevista para uma carga horária de duas horas-aula, o que totaliza, portanto, o oferecimento de 700 horas-aula nos três níveis de ensino: 1, 2 e 3. A partir de cursos realizados pela Equipe Central do PPPLE/IILP em Lisboa, Macau (em parceria com a Universidade de Macau) e Buenos Aires (em parceria com a Casa do Brasil), no ano de 2014, foram desenvolvidas mais 120 *Unidades Didáticas*, respectivamente: 40 para o ensino de português a crianças em situação de diáspora, 40 para uso com aprendizes oriundos do espaço sinófono e 40 para uso com aprendizes hispanofalantes.

Em janeiro de 2019 o número de unidades didáticas chegou a 557, e o número de professores inscritos chegou a 11.994. Até esse momento o Portal foi visitado por 626 mil usuários de mais de 100 países, tendo o Brasil à frente, com 5.916 usuários. Revela-se, assim, que o PPPLE tem sido um instrumento dos mais úteis aos professores de português, em várias regiões do mundo, o que contribui para o ensino da língua, no espírito propugnado pelo Plano de Ação de Brasília (PAB).

Para o desenvolvimento do PPPLE, foi estabelecido um acordo de cooperação com a *Sociedade Internacional de Português Língua Estrangeira* (SIPLE), com sede no Brasil, para a identificação de especialistas da CPLP para o planejamento e o desenvolvimento do Portal, juntamente com as Comissões Nacionais e o corpo técnico do IILP. Neste, como em outros projetos, as parcerias técnicas foram essenciais para o avanço dos projetos, e clarificou-se cada vez mais o papel do IILP como articulador político e técnico para as políticas da língua portuguesa, no âmbito da Comunidade, dada a sua posição privilegiada para o diálogo com os governos, de um lado, e com as universidades e entidades acadêmicas, por outro.

Pelo seu caráter multilateral, o PPPLE abriu uma frente de trabalho e de negociação permanente que pode ajudar a superar a situação atual de polarização entre as normas portuguesa e brasileira, fruto do que Oliveira chamou de "processo de normatização divergente" (OLIVEIRA, 2013, p. 14), hoje ainda um problema saliente para a promoção da língua portuguesa, bem como para incluir os *Países Africanos de Língua Oficial Portuguesa* (PALOP) e Timor-Leste como agentes de difusão do idioma nas suas respectivas áreas de influência. O PPPLE, portanto, promove mudanças positivas no modo de conceber e estabilizar as normas linguísticas, dando visibilidade também às variedades do português que funcionam como *normas objetivas urbanas* nos países de língua oficial portuguesa, o que permite pluralizar a oferta de PLE/PLNM, de acordo com as demandas específicas do público interessado. Assim, as

UD de Angola e Moçambique oferecem ao aprendiz a norma objetiva dos respectivos países, isto é, a variedade culta urbana falada e escrita nas grandes cidades do país, especialmente Luanda e Maputo, por meio do uso de materiais autênticos da televisão, dos jornais, da publicidade e de outros meios. Põe em questão, portanto, a ideia de que os PALOP e Timor-Leste não têm (ainda) uma *norma linguística*, e permite a operação do ensino de Português Língua Estrangeira (PLE), a partir dessas novas bases geográficas, culturais e políticas.

Os beneficiários diretos do PPPLE são os professores de língua portuguesa, sobretudo, como língua não materna, residentes em qualquer lugar do mundo, e que podem aceder a materiais e recursos didáticos de qualidade produzidos a partir dos países-membros da CPLP, de modo gratuito e orientado. O PPPLE tem ainda um conjunto de ferramentas interativas que permitem ao professor salvar os seus próprios roteiros didáticos, montando cursos, ou alterar as unidades, acrescentando e retirando atividades de cada uma, ou, ainda, oferecendo aos colegas unidades didáticas feitas por ele próprio, e que são avaliadas por um conselho de especialistas e inseridas no Portal.

3.2 O Vocabulário Ortográfico Comum da Língua Portuguesa (VOC)

O PAB, de acordo com o texto do *Acordo Ortográfico da Língua Portuguesa de 1990* (AO90), recomendou a produção de um *Vocabulário Ortográfico Comum da*

Língua Portuguesa (CPLP, 2010, p. 10), em suporte digital, integrado por *Vocabulários Ortográficos Nacionais* (VONs) dos diversos Estados-Membros e desenvolvido sob a coordenação do IILP, no sentido de consolidar o léxico comum, levando em conta as especificidades de cada país.

O VOC é uma base de dados lexical, de formato e difusão digital, de grande escala e aberta que vem atender à necessidade da implementação da nova ortografia prevista no AO90, bem como instaurar uma nova metodologia de trabalho conjunto dos Estados-Membros da CPLP na área do léxico da língua. Quando concluído, o VOC apresentará a forma ortográfica de cerca de 260 mil palavras, mas também informação sobre a tonicidade, separação de sílabas, classe de palavras a que pertence, bem como as flexões completas da palavra, quando for o caso. A metodologia foi desenvolvida segundo o padrão tecnológico mais avançado existente no campo e consensuada em diferentes instâncias a partir de dezembro de 2010.

Para realizar o projeto, o IILP estabeleceu uma parceria com o *Instituto de Linguística Teórica e Computacional* (ILTEC), de Lisboa, e com a Universidade Federal de São Carlos (UFSCar), do Brasil.

Pela primeira vez foi possível que Brasil e Portugal dispusessem os seus vocabulários ortográficos em uma plataforma comum, segundo uma metodologia única, e depois de negociações que permitiram a cessão do VOP – *Vocabulário Ortográfico do Português*, por meio de negociações com a então Ministra da Cultura Gabriela Canavilhas, de Portugal, e do VOLP – *Vocabulário Ortográfico da Língua Portuguesa*, da Academia Brasileira de Letras (ABL), do Brasil, cedido pela instituição com a intermediação do Professor Evanildo Bechara.

Igualmente foi possível, por meio do trabalho de equipes técnicas nacionais especialmente criadas para tal fim, com a assessoria permanente da assessoria do ILTEC e da UFSCar, que Moçambique, Timor-Leste, Cabo Verde e São Tomé e Príncipe desenvolvessem, pela primeira vez na história, os seus próprios *Vocabulários Ortográficos Nacionais* (VONs). O projeto foi parcialmente financiado com recursos do Ministério das Relações Exteriores de Angola, e é igualmente a primeira vez na história que um projeto central da língua portuguesa é financiado por um PALOP.

O Projeto VOC criou, ainda, um corpo internacional de consultores, constituído por dois especialistas de cada Estado-Membro, e que se debruçaram, nos anos de 2013 e 2014, sobre a interpretação das bases do AO90, de modo a evitar interpretações divergentes, trabalho com amplas repercussões no modo como as regras da ortografia passam a ser enunciadas. Ainda que tenha o propósito imediato de dar consistência ao AO90, a base de dados do VOC permite uma infinidade de outros desdobramentos na área do léxico da língua, e consequentemente no modo como as suas políticas linguísticas são realizadas.

3.3 Os Colóquios sobre os Eixos Estratégicos do Plano de Ação de Brasília

Os Colóquios Internacionais aprovados no plano de trabalho do Diretor Executivo Gilvan de Oliveira tiveram por objetivo aprofundar a discussão sobre as quatro áreas estratégicas do PAB, e fornecer elementos para o planejamento da próxima conferência, sobre o futuro da língua portuguesa, que acabaria por se realizar em Lisboa, em outubro de 2013. A escolha de quatro diferentes cidades e países deveria permitir, como efetivamente permitiu, que o IILP viesse a ficar mais conhecido nos demais Estados-Membros, e estabelecer relações mais próximas com os respectivos governos e suas comunidades acadêmicas.

São eles o *Colóquio Internacional de Maputo sobre a Diversidade Linguística nos Países da CPLP,* realizado na capital moçambicana, em setembro de 2011, o *Colóquio Internacional da Praia sobre o Português na Diáspora,* realizado na capital de Cabo Verde, em novembro de 2011, o *Colóquio Internacional de Guaramiranga sobre o Português na Internet e no Mundo Digital,* realizado em Guaramiranga, Ceará, Brasil, em abril de 2012, e o *Colóquio Internacional de Luanda sobre o Português nas Organizações Internacionais,* realizado na capital angolana, em julho de 2012. Aportaram também quatro documentos importantes – as Cartas dos Colóquios do IILP, desenvolvidas pelos especialistas presentes, com recomendações importantes para a ação do Instituto e da

CPLP, e que podem ser lidas no final dos números 1, 2, 3 e 4 da *Revista Platô*.

Com uma média de 25 palestrantes convidados para cada Colóquio, congregaram-se nos quatro encontros cerca de 100 especialistas de 16 países, muitos dos quais se ligaram de forma mais permanente ao Instituto, na assessoria aos projetos em andamento ou convidando a direção executiva para participar em eventos organizados pelas suas respectivas instituições sobre temas afins. Os textos completos dos colóquios estão publicados nos quatro primeiros números da revista *Platô*, adiante descrita, e disponíveis no sítio *web* do Instituto.

A rede de cooperação estabelecida nos Colóquios teve importante papel no fato de o Diretor Executivo Gilvan de Oliveira ter feito, no mandato 2010-2014, 61 palestras sobre a língua portuguesa e suas políticas linguísticas em 38 diferentes cidades em 16 países, o que muito contribuiu para divulgar o IILP e seus trabalhos em diferentes contextos.

O IILP, naquele período, ainda realizou dois Colóquios complementares, não previstos no plano inicial: o *Colóquio Internacional de Florianópolis sobre a Internacionalização da Língua Portuguesa*, realizado na Universidade Federal de Santa Catarina (UFSC), em Florianópolis, Brasil, em parceria com a Associação Nacional de Pós-Graduação em Letras e Linguística (ANPOLL), em março de 2013, e o *Colóquio Internacional A Língua Portuguesa, o Multilinguismo e as Novas Tecnologias das Línguas no Século XXI*, realizado no Centro Federal de Educação

Tecnológica de Minas Gerais (CEFET-Minas), em Belo Horizonte, Brasil, em parceria com esse órgão, o *Programa Informação para Todos* da Unesco (IFAP) e o Instituto de Investigação e Desenvolvimento em Política Linguística (IPOL), em outubro de 2014.

3.4 *A revista digital* Platô

A criação de uma revista científica para o IILP era uma antiga demanda do Conselho Científico, e já se tratava do assunto em 2002. Sua criação, em 2012, permitiu que o IILP publicasse até 2014 cinco números, a saber:

- Volume 1, número 1 (2012): *A Diversidade Linguística nos Países da CPLP* (Colóquio de Maputo).
- Volume 1, número 2 (2012): *A Língua Portuguesa nas Diásporas* (Colóquio da Praia).
- Volume 2, número 3 (2013): *A Língua Portuguesa na Internet e no Mundo Digital* (Colóquio de Guaramiranga).
- Volume 2, número 4 (2013): *A Língua Portuguesa nas Organizações Internacionais* (Colóquio de Luanda).
- Volume 3, número 5 (2014): *O Ensino das Línguas Portuguesa na China e da Língua Chinesa nos Países de Língua Portuguesa* (Colóquio de Macau).

O ano de 2014 terminou com mais dois números já em preparação, um sobre as políticas linguísticas da Guiné Equatorial, novo membro da CPLP, país com o qual o IILP estabeleceu um Protocolo de Cooperação

Técnica (IILP, 2012a), e outro sobre o PPPLE, ambos publicados já na gestão seguinte, da linguista moçambicana Marisa Guião de Mendonça (2014-2018). Com a revista *Platô*, o IILP pode oferecer à comunidade, e especialmente aos gestores da língua, estudos estratégicos sobre a presença do português em cada um dos países e em vários âmbitos da sua circulação internacional.

3.5 O Blogue do IILP

Lançado oficialmente em 18 de março de 2011, o *Blogue do IILP* (https://iilp. wordpress.com) inseriu-se em uma estratégia de divulgação dos trabalhos realizados pelo órgão. Até 25 de setembro de 2014 havia postado 1.246 notícias sobre a língua portuguesa e sido visto em 153 países diferentes, constituindo-se num precioso banco de dados sobre as movimentações das sociedades ao redor da língua (IILP, 2014c). Em 2019, o *Blogue do IILP* não dispõe mais de um contador externo visível que permita visualizar o número de acessos, o número de países de acesso e o número de notícias postadas.

3.6 A II Conferência Internacional sobre o Futuro do Português no Sistema Mundial

À I CIFPSM seguiu-se a *II Conferência Internacional sobre o Futuro do Português no Sistema Mundial*, ocorrida em Lisboa, de 29 de outubro a 1º de novembro de 2013, organizada pelo Camões IC e por um consórcio de universidades portuguesas (Lisboa, Nova, Porto e Coimbra) e da qual o IILP foi co-organizador. Dela emanou o Plano de Ação de Lisboa para *a Promoção, a Difusão e a Projeção do Português* (PALISB), que deu especial atenção ao português como língua da ciência, mas atribuiu ao IILP muito pouca relevância e, ao contrário do PAB, não nomeou novos projetos nem encarregou a instituição da sua execução ou parte dela.

De qualquer maneira, a II Conferência reforçou a prática de realizar, a cada três anos, uma conferência em que as sociedades e os governos dos países da CPLP se debruçam sobre o desafio de elaborar um documento comum para as políticas linguísticas multilaterais da língua portuguesa.

Na Cimeira de Díli, de julho de 2014, Timor-Leste comprometeu-se a realizar a III Conferência, o que a sua Comissão Nacional efetivamente fez, em julho de 2016, na gestão de Marisa Mendonça à frente do IILP, ocasião em que se discutiram quatro eixos principais para as políticas da língua:

1. Português, língua pluricêntrica do século XXI.
2. Ensino e formação em língua portuguesa em contextos multilíngues.
3. O potencial econômico da língua portuguesa.
4. Português, língua de cultura, ciência e inovação.

A III Conferência não gerou um Plano de Ação, como as duas primeiras, e ainda indicou a realização de uma IV Conferência a ser realizada em um PALOP, em 2019. Nota-se, ainda assim, um investimento decrescente na política linguística concertada no âmbito da CPLP desde o PAB, de 2010. Tal evolução não é difícil de entender, dadas as enormes mudanças geopolíticas ocorridas desde 2010, por ocasião da realização da I Conferência, quando o Brasil, na gestão do Presidente Inácio Lula da Silva, tinha uma presença muito mais importante e propositiva no cenário internacional, o que também vale para Angola e Moçambique.

De outubro de 2014 a dezembro de 2018, esteve à frente do IILP a linguista moçambicana Marisa Mendonça, como já dito, que deu continuidade ao projeto do PPPLE por meio de uma série de cursos em Lisboa, Budapeste, Maputo, Praia e Mindelo, bem como ao projeto do Vocabulário Ortográfico Comum da Língua Portuguesa (VOC). Concentrou-se, também, numa ação mais concertada do IILP com instituições parceiras no seu entorno imediato, em Cabo Verde, e melhorou a estrutura da Casa Cor-de-Rosa.

Em janeiro de 2019, assumiu a direção executiva do IILP o linguista guineense Incanha Intumbo, para o biênio 2019-2020. A Guiné-Bissau deveria ter assumido a direção executiva no mandato de 2014-2018, e só então seria a vez de Moçambique, mas a instabilidade política do país, naquele momento, recomendou a permuta de mandatos.

CONSIDERAÇÕES FINAIS

Apresentamos, nesta breve história do IILP, uma cronologia da vida da instituição desde o momento da sua concepção no sentido de ajudar a orientar futuras pesquisas sobre tópicos específicos da história da instituição. Esta parte mais descritiva permite perceber em que sentido a instituição é diferente de outras organizações de política linguística, por tratar da língua como fenômeno pluricêntrico e internacional, e não mais como língua nacional, e de que modo o instituto tem, por isso, um ritmo de trabalho próprio de organismos internacionais multilaterais, dependendo de fluxos periódicos de tomadas de decisões em instâncias superiores e de complexas negociações entre países com interesses, muitas vezes, divergentes, em relações sujeitas a tensões históricas e guinadas nas relações internacionais, ao ritmo da troca de governos.

Aí está boa parte da sua força e da sua fraqueza: por um lado, coloca-o numa posição única de legitimidade internacional e de proximidade com os governos dos Estados-membros, predispondo os países a confiar-lhe tarefas que não podem ser executadas de modo unilateral, como deixou claro o caso do *Vocabulário Ortográfico Comum da Língua Portuguesa* (VOC); por outro lado, no entanto, burocratiza os procedimentos e faz com que os processos de negociação para a obtenção de consensos sejam especialmente longos, consensos estes que precisam ser buscados e obtidos, e que são de um valor inestimável no fazer diplomático de uma política internacional da língua.

O percurso do IILP mostra uma capacidade crescente de estar próximo dos nove Estados-Membros, para além dos Observadores Associados, dada a existência de Comissões Nacionais com representantes de Ministérios (relações exteriores, educação, cultura), bem como universidades e Academias (de Letras, de Ciência), e de formular uma política linguística que pode ultrapassar o modelo de gestão de outras línguas (originalmente) europeias, e que são ainda regidas por instituições unilaterais das antigas metrópoles, como é o caso do francês, por exemplo.

Com todas as dificuldades dos seus 20 anos de existência, o IILP tem se tornado um fator de crescente interesse e de articulação no espaço lusófono, à medida que o seu formato institucional cada vez mais coincide com as necessidades impostas pela internacionalização da própria língua portuguesa, no contexto do século XXI, o que demanda taxas crescentes de cooperação político-linguística. Por outro lado, é preciso analisar se as tendências refratárias à internacionalização multipolar, que se fortalece com a emergência de governos de direita e extrema direita em vários países, terão um efeito desmobilizador na promoção internacional da língua e, portanto, poderão gerar uma descontinuidade no percurso que o IILP realiza na sua breve história.

Referências

ANGOP (Agência Angola Press). *Instituto de língua portuguesa edita literatura oral da CPLP*. 2010. Disponível em: http://www.angop.ao/angola/pt_pt/noticias/africa/2010/9/41/.

BRASIL. *Acto Constitutivo do Instituto Internacional da Língua Portuguesa*. Ministério das Relações Exteriores. São Luís do Maranhão, MA, 1989.

CABO VERDE. *Ofício do Gabinete do Ministro à Secretaria Executiva da CPLP*. Ministério da Educação, Ciência, Juventude e Desporto. 1999. (N/Ref 94/GRQCJD/99).

CASTILHO, Ataliba Teixeira de. *Saber uma língua é separar o certo do errado?* A língua é um organismo vivo que varia conforme o contexto e vai muito além de uma coleção de regras e normas de como falar e escrever. Disponível em: http://museudalinguaportuguesa.org.br/wp-content/uploads/2017/09/Saber-uma-li%CC%81ngua-e%CC%81-separar-o-certo-do-errado.pdf. Acesso em: 22 mar. 2015.

CPLP. Declaração da Praia. In: *CPLP: II Conferência dos Chefes de Estado e de Governo da CPLP e outros documentos do biénio 1998/1999 – 1999/2000*, 2., 1998, p. 7-10. Disponível em: http://www.cplp.org/Files/Billeder/1998-II-CCEG.pdf. Acesso em: 30 jan. 2015.

CPLP. *Declaração de Díli. X Conferência dos Chefes de Estado e de Governo da CPLP, de 23 de julho de 2014*. Díli, Timor-Leste, 2014. Disponível em: http://www.cplp.org/id4447.aspx?Action=1&NewsId=3463&M=NewsV2&PID=10872. Acesso em: 22 mar. 2015.

CPLP. *Pensar, comunicar, actuar em língua portuguesa:* 10 anos da CPLP. Livro comemorativo dos 10 anos de CPLP. Lisboa, 2007. Disponível em: http://www.cplp.org/id-2611.aspx. Acesso em: 29 jan. 2015.

CPLP. *Plano de Ação de Brasília para a Promoção, a Difusão e a Projeção da Língua Portuguesa*. 2010. Disponível em: http://www.cplp.org/Files/Filer/cplp/CMNE/Plano%20de%20A%C3%A7%C3%A3o%20de%20Bras%C3%ADlia.pdf. Acesso em: 03 jan. 2015.

CPLP. Resolução sobre a Promoção e Difusão da Língua Portuguesa, de 26 de julho de 2004. In: *IX Reunião Ordinária do Conselho de Ministros*. 2004. Disponível em: http://www.cplp.org/id4447.aspx?Action=1&NewsId=2953&M=NewsV2&PID=10872. Acesso em: 2 fev. 2015

HOBSBAWM, Eric. *A era dos extremos:* o breve século XX. São Paulo: Companhia das Letras, 1995.

IILP. *Ata da III Assembleia General*. 28 e 29 de julho de 2004.

IILP. *Estatuto do IILP*. São Tomé, 31 de julho de 2001.

IILP. *Memória da Reunião Técnica da IV Assembleia Geral do IILP*. 11 de julho de 2005.

IILP. *Participações em eventos (palestras e cursos) ministrados pelo Dr. Gilvan Müller de Oliveira enquanto diretor executivo do IILP*. 2014b.

IILP. *Plano de Atividades da Direção Executiva* – 5010/15. 2010.

IILP. *Protocolo de Cooperação entre a Guiné Equatorial e o IILP*. Lisboa, 2012a.

IILP. *Relatório da Assessoria de Comunicação Social*. 2014c.

IILP. *Relatório de Atividades da Direção Executiva 35010/50158*. 2012b.

IILP. *Resumo Executivo das Atividades da Assessoria de Comunicação 1ocial*. 2014a.

IILP; AULP (Associação das Universidades de Língua Portuguesa) (org.). *Interpenetração da língua e culturas de/em língua portuguesa na CPLP*. 2010.

INFOPRESS. Amélia *Mingas defende uma política linguística comum entre Estados membros*. 16 mar. 2010. Disponível em: http://noticias.sapo.cv/inforpress/artigo/5391.html. Acesso em: 05 jan. 2015.

MACHETE, Rui Chancerelle de; VICENTE, António Luís. *Língua e cultura na política externa portuguesa: o caso dos Estados Unidos da América*. Lisboa: Fundação Luso-Americana, 2010.

OLIVEIRA, Gilvan Müller de. *Política linguística e internacionalização: a língua portuguesa no mundo globalizado do século XXI*. Trabalhos em Linguística Aplicada, Campinas, v. 52, n. 2, p. 409-433, dez. 2013.

TEIXEIRA, Rui de Azevedo. *A guerra de Angola 1961-1974*. Lisboa: Quidnovi, 2010.

Segunda Parte

ANGOLA E A CPLP

– a presidência angolana da CPLP no balanço de um quarto de século (2021-2023)

Luís Kandjimbo

INTRODUÇÃO

Ao manifestar o meu interesse por esta iniciativa com a qual se dá um contributo à celebração do 25º aniversário da Comunidade dos Países de Língua Portuguesa (CPLP), enquanto organização internacional, ocorre-me o uso de esquemas narrativos que pudessem traduzir a minha posicionalidade, o modelo teórico possível e o lugar a partir do qual interpreto a história da CPLP, neste quarto de século de existência e de balanço. Sem prejuízo de uma eventual história oficial desta organização internacional, privilégio uma subjacente abordagem filosófica que aponta para uma descolonização conceptual, faz a apologia de uma contranarrativa e recusa a marginalização do chamado Sul Global, especialmente de África.

Por essa razão, as breves notas que se seguem tematizam alguns tópicos da história do presente com a finalidade de compreender o lugar que Angola ocupa na CPLP, enquanto Estado-Membro. Esboço um exercício de interpretação dos desafios e expectativas, a partir da experiência vivida, durante quatro anos, na qualidade de funcionário do Secretariado Executivo.

1. Angola é um Estado-Membro que se tem revelado como o terceiro maior contribuidor financeiro, apesar dos seus baixos resultados no universo de projectos de cooperação financiados pelo Fundo Especial. Neste capítulo, o interesse que parece mais expressivo verifica-se no plano da concertação político-diplomática, em detrimento de outras vertentes sectoriais.

Em matéria de exercício do direito de legação da CPLP, no âmbito do Direito Diplomático das Organizações Internacionais, Angola tomou uma iniciativa tardia quando, em 2010, criou a Missão Permanente chefiada pelo Embaixador Helder Lucas, um diplomata de carreira. Relativamente à distribuição geográfica de funcionários do Secretariado Executivo, desde a constituição da CPLP, Angola teve apenas quatro cidadãos, funcionários internacionais com vínculo contratual efectivo, que desempenharam cargos de direcção ao serviço da organização, nomeadamente, Marcolino Moco, Secretário Executivo (1996-2000), Jovelina Imperial, Directora de Cooperação (2001-2008), Amélia Mingas, Directora Executiva do Instituto Internacional de Língua Portuguesa (2006-2010) e Luís Kandjimbo, Director para Acção Cultural e Língua Portuguesa

(2011-2015). Quanto à arquitectura institucional, a iniciativa de criação da Direcção para Acção Cultural e Língua Portuguesa na estrutura orgânica do Secretariado Executivo foi impulsionada por Angola, logo depois da Cimeira de Luanda, no âmbito da primeira presidência *pro tempore* (2010-2012).

No momento em que se comemora o 25º aniversário da organização, Angola acolheu a XIII Conferência de Chefes de Estado e de Governo, no contexto devastador dominado por uma ameaça global, a pandemia da Covid-19. No entanto, precedem-na 11 cimeiras que, bianualmente, são realizadas, desde a conferência constitutiva que teve lugar em Lisboa, a 17 de Julho de 1996. Seguiram-se outras: II Cimeira, Praia, 1998; III Cimeira, Maputo, 2000; IV Cimeira, Brasília, 2002; V Cimeira, São Tomé e Príncipe, 2004; VI Cimeira, Bissau, 2006; VII Cimeira, Lisboa, 2008; IX Cimeira, Luanda, 2010; X Cimeira, Maputo, 2012; XI Cimeira, Díli, 2014; Brasília, 2016; XII Cimeira, Santa Catarina, 2018.

Todas as reuniões de cúpula da CPLP foram realizadas, à luz de um lema central. Trata-se de uma prática iniciada há duas décadas, desde a conferência realizada em Maputo (2000).

A *solidariedade* foi o lema da primeira presidência *pro tempore* de Angola, assumida na IX Cimeira, em 2010. Ao acolher a XIII Conferência em 2021, Angola organiza o evento sob a orientação de um objectivo estratégico que permite identificar o compromisso de contribuir para um desígnio que está na agenda de todos os

Estados-Membros e em linha com os Objectivos do Desenvolvimento Sustentável: *Construir e Fortalecer um Futuro Comum e Sustentável*. Por outro lado, interpretando o clamor das lideranças associativas empresariais dos Estados-Membros e da Confederação Empresarial da CPLP, Angola acabou por propor a criação de um novo objectivo geral estatutário, um novo pilar da CPLP, a *Cooperação Económica*.

Neste sentido, espera-se que a presidência angolana explore as problemáticas da cooperação económica e empresarial, inscrevendo-a no contexto da competitividade global, em perfeita articulação com o vector da mobilidade das pessoas na CPLP.

2. A questão da língua portuguesa é um outro domínio a respeito do qual se acalentam expectativas. O Plano de Acção da Praia (2018), aprovado na Cimeira de Luanda, é um instrumento que resulta da última conferência internacional sobre a língua portuguesa no sistema mundial, à luz do tema *Horizontes e Perspectivas da Língua Portuguesa*. Nele se reafirma o princípio do carácter pluricêntrico da promoção e difusão da língua portuguesa, enunciado pela primeira vez no Plano de Acção de Díli (2016), na sequência dos anteriores, nomeadamente, Planos de Ação de Brasília (2010) e de Lisboa (2013).

No entanto, apesar de ter sido signatário o Acordo Ortográfico em 1990, paradoxalmente Angola não o ractificou, até à data. O Acordo Ortográfico, que já vigora em quatro Estados-Membros, é também uma prioridade da agenda, no domínio da língua portuguesa.

Do meu ponto de vista, o Acordo não afecta a soberania ou qualquer interesse legítimo de Angola. Ao invés, representa uma oportunidade para a legitimação da variedade angolana do português e do vocabulário ortográfico nacional. O facto de o Acordo não ter sido ratificado é uma situação que tem merecido críticas de alguns sectores da sociedade civil e da comunidade científica em geral. Trata-se de uma circunstância que tem consequências observáveis em áreas como o ensino da língua portuguesa, a produção editorial e a investigação científica no domínio da linguística do português. Assim, augura-se que Angola ratifique o Acordo, durante o exercício desta presidência, já que tal não aconteceu no decurso da presidência anterior (2010-2012).

Por força das disposições normativas da CPLP, a vigência dos actos jurídicos multilaterais produz-se a partir do momento em que três Estados-Membros depositam o instrumento de ratificação. Assim, foi em Janeiro de 2007 que o Acordo Ortográfico entrou em vigor na ordem jurídica interna de alguns Estados-Membros, obedecendo a diferentes determinações transitórias. O Brasil, Cabo Verde e São Tomé e Príncipe tinham aprovado o Acordo Ortográfico e o Segundo Protocolo Modificativo. Timor-Leste passou a ser o novo Estado-Membro, em 2002 e procedeu à ratificação, sete anos depois (2009). Portugal ratificou o Acordo e o Segundo Protocolo Modificativo em 2008. No

Brasil, a implementação do Acordo Ortográfico da Língua Portuguesa teve início em 10 de Janeiro de 2009, coexistindo com as normas ortográficas anteriores até 31 de dezembro de 2012. Assim se explica que a Academia Brasileira de Letras tenha publicado em 2009 a quinta edição do Vocabulário Ortográfico da Língua Portuguesa, tendo sido adoptado o princípio da dupla grafia para alguns vocábulos.

No entanto, ainda estão por ser concluídos os procedimentos internos para a ratificação do Acordo Ortográfico da Língua Portuguesa em alguns dos Estados-Membros da CPLP, entre os quais Angola. Os instrumentos orientadores em matéria de promoção e difusão da língua portuguesa recomendavam que os Estados-Membros que não tivessem elaborado um vocabulário ortográfico nacional deviam criar as condições para o efeito, de modo que se tornasse possível produzir, sob coordenação do IILP e com a participação de uma comissão de especialistas designados pelos Estados-Membros, o Vocabulário Ortográfico Comum da Língua Portuguesa, que tem a vocação de consolidar o léxico comum e as especificidades nacionais.

Para todos os efeitos, o Vocabulário Ortográfico Comum da Língua Portuguesa (VOC) foi aprovado formalmente pelos Chefes de Estado e de Governo da CPLP na X Cimeira dos Chefes de Estado e de Governo, realizada na cidade de Díli, em Julho de 2014, integrando os cinco Vocabulários Ortográficos Nacionais (VON) já disponíveis. Trata-se de um instrumento de política linguística multilateral da CPLP, constituindo um recurso de referência para a escrita do português como língua pluricêntrica.

Ora, o Acordo Ortográfico da Língua Portuguesa e os problemas conexos que suscita inscrevem-se no campo científico da linguística aplicada, um domínio de ensino e investigação que em Angola já conta com um número razoável de especialistas. O facto de não ter sido ratificado, não impede que a comunidade científica possa acompanhar os avanços da planificação linguística, linguística computacional ou da linguística da literatura, desenvolvendo instrumentos susceptíveis de contribuir para os estudos das línguas nacionais com as quais a língua portuguesa está em contacto e sua utilização. Por conseguinte, a ausência de especialistas angolanos nos processos de elaboração do Vocabulário Ortográfico Nacional e do Vocabulário Ortográfico Comum constitui um exemplo dos efeitos mais nocivos da táctica da "cadeira vazia" praticada por Angola, tendo em conta a reputação de que goza na CPLP.

O Vocabulário Moçambicano da Língua Portuguesa (VOMOLP) é exemplo do contrário, na medida em que permite ilustrar a importância do trabalho dos linguistas nacionais, no que diz respeito à criação de ferramentas lexicográficas que deverão suportar a existência de uma variedade angolana do português.

Por outro lado, o ensino da língua portuguesa e o desenvolvimento dos estudos linguísticos em Angola sofrem os efeitos indeléveis resultantes da proliferação de obras científicas e materiais pedagógicos provenientes do Brasil e de Portugal. Tais obras e materiais são livros a que subjaz a força de uma autoridade legitimadora dos modelos ortográficos desses países, devido ao prestígio e simbolismo do livro publicado.

Por essa razão, considero que a harmonização ortográfica da língua portuguesa deverá envolver equipas de linguistas angolanos de modo a permitir que a lexicografia angolana, em prol do interesse nacional, possa desenvolver-se plenamente no contexto plurilíngue do País.

A literatura é uma outra dimensão em que se analisa a importância do Acordo Ortográfico da Língua Portuguesa. De um modo geral, as metodologias de elaboração do Vocabulário Ortográfico Nacional e do Vocabulário Ortográfico Comum recomendam o recurso aos textos literários como fontes que devem sustentar a existência de qualquer variedade linguística. Se o ensino da língua portuguesa pressupõe o uso de textos de apoio, os textos literários são recursos indispensáveis porque é através deles que as competências de leitura, interpretação e a compreensão podem ser inculcadas aos alunos dos diferentes subsistemas de educação e ensino. Neste sentido, pode dizer-se que as políticas linguísticas, bem como as políticas do livro e da leitura devem conduzir ao desenvolvimento da literatura angolana, escrita em língua portuguesa e em línguas nacionais. É já consabido que a literatura é uma outra dimensão através da qual se manifesta a identidade angolana e a diversidade cultural e linguística. Os textos literários constituem um dos mais representativos recursos para a construção da variedade angolana do português.

A harmonização que pode resultar da adesão ao Acordo Ortográfico e, consequentemente, a construção do Vocabulário Ortográfico Nacional de Angola produzirá um forte impacto sobre a literatura angolana e seu público leitor a nível global, na medida em que as especificidades lexicais do texto literário angolano serão facilmente descodificadas com a disponibilização de dicionários da variedade angolana do português e outros materiais de apoio à leitura.

A táctica da "cadeira vazia" que Angola vem adoptando perante o Acordo Ortográfico levanta, em última instância, questões atinentes ao exercício da soberania no contexto da competitividade global, bem como das relações internacionais e da aplicação do Direito Internacional. Na verdade, a ratificação do Acordo Ortográfico não lesa a soberania ou qualquer interesse legítimo de Angola. É, antes de mais, um meio de legitimação da variedade angolana do português, do Vocabulário Ortográfico Nacional e um procedimento que valorizará a importância do Vocabulário Ortográfico Comum.

Neste sentido, entendemos que o governo angolano deve tomar a iniciativa de submeter à apreciação da Assembleia Nacional a ratificação do Acordo Ortográfico, permitindo assim que se possa negociar as modificações que se revelarem pertinentes com recurso a protocolos modificativos.

Portanto, em nosso entender a ratificação do Acordo Ortográfico é um acto de soberania epistemológica, sendo legítimo augurar que Angola o ratifique durante o exercício da próxima Presidência (2021-2023), já que tal não aconteceu no decurso da Presidência anterior (2010-2012). De resto, se em 2016 a III Conferência, realizada em Díli, destacou a dimensão global e pluricêntrica da língua portuguesa, bem como o seu valor económico, não se compreende que Angola se mantenha distante da defesa que vem fazendo do princípio do multilinguismo, no quadro multilateral da CPLP.

3. Numa perspectiva de longo prazo, a principal prioridade da Presidência angolana deverá ter em conta a definição de uma agenda que vise prosseguir a implementação da Nova Visão Estratégica da CPLP (2016-2026), adoptada pela XI Conferência de Chefes de Estado e de Governo, realizada em Brasília, de 31 de Outubro a 1 de Novembro de 2016. A monitorização e avaliação da implementação da Nova Visão Estratégica da CPLP são competências do Conselho de Ministros, enquanto órgão responsável pela aprovação dos respectivos relatórios (intercalar, em 2021, e final, em 2026).

Para tal a presidência *pro tempore* angolana deverá assegurar o bom funcionamento do Secretariado Executivo da CPLP, no que diz respeito ao seguimento do grau de implementação das acções contidas no documento de operacionalização da Nova Visão Estratégica da CPLP, cujos resultados, de acordo com o cronograma estabelecido, deveriam ter sido avaliados pelo Conselho de Ministros em 2021.

O exercício da presidência *pro tempore* da CPLP engloba a condução de outros órgãos estatutários. Angola acumula assim a liderança do Conselho de Ministros, Comité de Concertação Permanente, Coordenação dos Pontos Focais de Cooperação e das Reuniões Ministeriais sectoriais. Além disso, os auxiliares do Titular do Poder Executivo, nas suas áreas de competência, serão chamados a exercer a presidência dos órgãos estatutários e a realizar tarefas de representação ao nível da CPLP. Por isso, os departamentos ministeriais deverão definir agendas que inscrevam acções previstas nos Planos Estratégicos de Cooperação Multilateral Sectorial.

O Secretariado Executivo deverá igualmente merecer a atenção, por ser o órgão que assegura efectivamente o exercício e a realização das tarefas programadas pela presidência.

Para o efeito, Angola deverá prosseguir os seus esforços de integração de quadros angolanos na sua estrutura de pessoal dirigente, assessores diplomáticos, e funcionários como forma de traduzir o respeito pela distribuição geográfica e representação equitativa dos Estados-Membros. Aliás, durante a primeira presidência de Angola (2010-2012), o Secretariado Executivo passou a contar com uma nova unidade orgânica, a Direcção para Língua Portuguesa e Acção Cultural, posto que foi provido através de concurso internacional, tendo o seu primeiro Director sido um cidadão angolano que ocupou o cargo até 2015. A vacatura foi preenchida por um outro funcionário angolano.

Entre as directrizes e orientações estratégicas da Nova Visão Estratégica respeitantes ao Secretariado Executivo destacam-se a melhoria do funcionamento institucional, fortalecimento dos recursos humanos, propostas para a aplicação do princípio da representatividade equitativa dos Estados-Membros, e incentivo aos Estados-Membros no sentido de procederem ao destacamento de funcionários, reforçando a capacidade institucional para o cumprimento das decisões dos órgãos estatutários da CPLP. Levantam-se igualmente questões respeitantes ao processo de reestruturação e profissionalização do Secretariado Executivo, já que o baixo grau de profissionalização dos funcionários é observável ao nível da fraca capacidade de resposta relativamente às exigências da implementação das decisões dos órgãos deliberativos e observância do princípio da representação equitativa dos Estados-Membros.

4. De acordo com as normas do Direito Internacional Público, nas quais se incluem normas do Direito Consuetudinário e do Direito Institucional das Organizações Internacionais, a relação estabelecida entre a Comunidade dos Países de Língua Portuguesa (CPLP) e o Estado português deve obedecer às convenções pertinentes e respectivas normas aplicáveis, de que se destacam as seguintes:

- A Convenção de Viena sobre a Representação dos Estados nas suas Relações com as Organizações Internacionais de Carácter Universal de 1975.
- A Convenção de Viena sobre o Direito dos Tratados entre Estados e Organizações Internacionais ou entre Organizações Internacionais de 1986.
- A Convenção sobre Privilégios e Imunidades das Nações Unidas de 1946.
- A Declaração Constitutiva da CPLP de 1996.
- Acordo sobre Privilégios e Imunidades entre CPLP e o Governo da República Portuguesa de 1998 (o actual Acordo de Sede).

O primeiro pressuposto a ter em conta diz respeito ao estatuto jurídico e competências da CPLP, enquanto organização internacional. Residem aí os fundamentos dos seus privilégios e imunidades no território onde tem a sede, neste caso em Portugal, e no território de outros Estados onde tem representações (por ex. Timor-Leste e Guiné-Bissau).

As matérias atinentes aos privilégios e imunidades de que goza a CPLP em território português não foram objecto de qualquer instrumento multilateral autónomo, à semelhança do que acontece com outras organizações internacionais. Foram exclusivamente tratadas no Acordo de Sede a que se faz referência mais adiante.

Na doutrina do Direito Internacional Público, entende-se que uma organização internacional é a "associação de Estados constituída por tratado (Declaração

Constitutiva), dotada de uma constituição (estatutos) e de órgãos comuns, e possuindo uma personalidade jurídica, distinta da dos Estados-Membros". Nesta medida, não possuindo competências que a liguem a um território, não possuindo soberania territorial, a CPLP pode invocar, ao abrigo do princípio da especialidade (artigo 3º dos Estatutos), o direito de criar uma ordem normativa própria para regulamentar, controlar o lugar e o perímetro em que se situam as suas instalações. A este respeito a doutrina é clara.

Estas competências relativas à sede respeitam os limites habituais das competências das organizações: são *funcionais,* quer dizer neste caso limitadas às exigências do bom funcionamento da organização; têm um *carácter derivado,* visto que se baseiam num acordo ou num costume; *não violam a soberania territorial do Estado,* pois a sede não é um enclave beneficiando de extraterritorialidade. O Estado renuncia somente ao seu monopólio da exclusividade no exercício de competências no seu território [...] (NDINH, DAILLIER, PELLET, 2003, p. 624).

A sede da CPLP é o seu lugar de estabelecimento. Está situada em Lisboa (artigo 2º dos Estatutos). Por conseguinte, é o lugar a partir do qual os órgãos estatutários da CPLP exercem as competências que decorrem da sua personalidade jurídica internacional (artigo 3º dos Estatutos). O exercício efectivo destas competências compreende, entre outras funções, o "controlo da organização no perímetro das suas instalações".

A questão que se coloca neste momento prende-se com a qualificação jurídica da titularidade que suporta o uso da ocupação do imóvel que constitui as "instalações" ou "distrito administrativo" onde funciona a sede da CPLP.

Numa perspectiva comparada, a resposta à pergunta pode ser encontrada, na semelhança de soluções que o direito convencional vem proporcionando, há mais de 50 anos, após a celebração da Convenção sobre Privilégios e Imunidades das Nações Unidas de 1946. Por força das disposições que regulam estas matérias, à CPLP é reconhecida imunidade de jurisdição, inviolabilidade dos locais afectos às suas actividades e o direito de garantir a protecção, inviolabilidade dos arquivos, livre comunicação com o exterior.

De um modo geral, os acordos constitutivos, os acordos multilaterais de privilégios e imunidades das organizações internacionais intergovernamentais e os acordos de sede seguem o modelo da convenção da Organização das Nações Unidas e suas agências especializadas sobre essas matérias. Tais são os casos, por exemplo, da Unesco, União Africana e SADC.

No mesmo sentido, situa-se o Acordo de Sede celebrado entre o Governo Português e a CPLP. Nos seus artigos 3º e 4º, lê-se:

> Artigo 3º
>
> 1 – O Governo Português, como país de acolhimento, *deverá fornecer instalações apropriadas*

> *para o Secretariado Executivo da CPLP* e contribuir proporcionalmente com o que for estipulado na respectiva anual do orçamento de funcionamento [...].
>
> Artigo 4º
>
> 1 – *Os bens e haveres de uso oficial da CPLP*, onde quer que se encontrem e quem quer que seja o detentor, *estão isentos de busca, requisição, expropriação ou qualquer forma de restrição executiva, administrativa, judicial ou legislativa*, a menos que o Secretário Executivo, em determinado caso, a elas tenha expressamente renunciado [...].
>
> 2 – *As instalações* e os arquivos da CPLP *são invioláveis*, comprometendo-se as autoridades portuguesas a assegurar a sua proteção e segurança, bem como a do pessoal do Secretariado Executivo [...].

O espírito subjacente às disposições referidas tem merecido uma interpretação hoje consagrada na doutrina dominante no Direito Internacional Público, a que se pode recorrer para clarificação do sentido das normas. Considera-se que o princípio da inviolabilidade dos locais que constituem as instalações das Organizações Internacionais visa proteger a liberdade de funcionamento da instituição, o carácter confidencial das actividades que neles se desenvolvem e que se pretende furtar ao conhecimento do público em geral ou das autoridades locais – isto é, com vista a proteger a independência e a própria dignidade da CPLP.

Ora, o princípio da inviolabilidade dos locais que constituem as instalações das organizações internacionais, enquanto norma imperativa, é violado pelas Cláusulas IV e V do Protocolo de Cedência e Aceitação do Palácio de Conde de Penafiel entre o Ministério dos Negócios Estrangeiros de Portugal (MNE) e a CPLP. A referida violação analisa-se em dois momentos:

a) No facto de o Ministério dos Negócios Estrangeiros de Portugal reservar para si o direito de instalar "uma entidade que não objectará ao bom funcionamento institucional da CPLP".

b) Na condicionalidade que obriga a CPLP a não "autorizar a cedência a terceiros, por qualquer forma ou título, e mesmo que parcial, das áreas do imóvel descrito na Cláusula I".

A situação descrita configura uma hipótese de dupla restrição administrativa que incide sobre o uso pleno do imóvel onde está a instalada a sede da CPLP. Nenhum dos referidos casos tem acolhimento no Direito Internacional Geral ou no Direito das Organizações Internacionais em especial. Viola-se assim uma norma imperativa do Direito Internacional que, não admitindo acordo em contrário, implica a nulidade do *Protocolo de Cedência e Aceitação do Palácio de Conde de Penafiel entre o Ministério dos Negócios Estrangeiros de Portugal (MNE) e a CPLP*, tendo conta o disposto no artigo 53º da

Convenção de Viena sobre o Direito dos Tratados entre Estados e Organizações Internacionais ou entre Organizações Internacionais de 1986, segundo o qual deve ser invocada a nulidade de

> Todo o tratado que, no momento da sua conclusão, é incompatível com uma norma imperativa de direito internacional geral. O princípio da inviolabilidade dos locais que constituem as instalações das organizações internacionais é uma norma imperativa, na medida em que merece a aceitação e o reconhecimento da comunidade internacional dos Estados no seu conjunto como norma que não admite acordo em contrário [...].

Pode-se concluir que o Secretário Executivo da CPLP tem legitimidade, ao abrigo da doutrina que suporta os artigos 53º e 71º da Convenção de Viena sobre o Direito dos Tratados entre Estados e Organizações Internacionais ou entre Organizações Internacionais de 1986, bem como da alínea a) do nº 4 do artigo 18º dos Estatutos da CPLP, para tomar as seguintes iniciativas:

- Propor a negociação de um Acordo Multilateral sobre Privilégios e Imunidades entre CPLP e os Estados-Membros.
- Propor a negociação de um instrumento que contenha normas através das quais se definam as condições em que a CPLP funciona em território português.

- Propor a revisão do Acordo de Sede celebrado com o Governo Português, nos termos do seu artigo 14°, segundo o qual as "consultas respeitantes à modificação deste Acordo serão encetadas a pedido de qualquer das Partes, devendo tais modificações ser estabelecidas por mútuo consentimento".

As razões invocadas constituem fundamentos de peso para que a presidência angolana *pro tempore* desencadeie o processo de negociações de um novo Acordo de Sede da CPLP, que vem sendo adiado há algum tempo.

5. O orçamento de funcionamento do Secretariado Executivo da CPLP, outra questão problemática, tem sido elaborado em obediência a uma limitação imposta pelos Estados-Membros, o princípio de crescimento zero. Na verdade, trata-se de um constrangimento de peso para o desenvolvimento e programação das actividades que devem ser realizadas pelo Secretariado Executivo. Por essa razão, a presidência angolana da CPLP tem aqui de igual modo um desafio, no que diz respeito à robustez financeira da organização.

6. Em conclusão, pode dizer-se que a presidência *pro tempore* de Angola, no decurso do próximo biénio, enfrentará alguns dos mais importantes desafios com que se debate a CPLP, num cenário dominado por questões de ordem estratégica. Conhecido o empenho e a vontade que em determinadas situações a diplomacia angolana imprime à resolução de problemas, admite-se que o nível de expectativas da opinião pública e o interesse de escrutínio dos cidadãos dos Estados-Membros sejam elevadíssimos.

NA CELEBRAÇÃO DOS 25 ANOS DA CPLP

Vera Duarte

Sou uma mulher africana que vem dedicando os anos mais recentes da sua vida à escrita criativa em prosa e verso neste idioma que nos une, referenciando-nos a Luís Vaz de Camões e a Sophia de Mello Breyner Andresen, a Guimarães Rosa e a Carolina Maria de Jesus, a Baltazar Lopes da Silva e a Orlanda Amarilis, a Tony Tcheka e a Odete Semedo, a Francisco José Tenreiro e a Conceição Lima, a António Jacinto e a Ana Paula Tavares, a Mia Couto e a Paulina Chiziane, a Luís Cardoso de Noronha e a Maria Ângela Carrascalão. Nesta qualidade de mulher das letras, entre estas e outras ilustres referências que me são de pertença, é-me sempre reconfortante participar de iniciativas que se debruçam sobre a língua portuguesa e seu impacto no mundo, mormente as dedicadas a refletir sobre uma instituição como a CPLP, construída em liberdade, no respeito pelas diferenças e diversidades culturais dos povos que a integram.

E foi *num instante, não mais que num instante,* que se passaram 25 anos e estamos, aqui e agora, a celebrar as bodas de prata da nossa CPLP. Lembro-me como se fosse hoje do meu saudoso amigo José Aparecido de Oliveira chegar à cidade da Praia e logo em seguida me telefonar para o visitar na residência do Embaixador do Brasil. E lá mantivemos uma longa conversa sobre a criação desta nova entidade (multinacional, pluricultural e integradora) que tanto o galvanizava.

Confesso ter ficado definitivamente conquistada pela ideia de criação da Comunidade que José Aparecido de Oliveira me passara e foi nessa senda que, no âmbito da Associação de Escritores Cabo-verdianos (que, na altura, eu presidia), realizamos na Praia a IV Mesa Redonda Afro-Luso-Brasileira, com notáveis escritores dos então sete países falantes do português, em plena caminhada para a criação da CPLP.

Aliás não duvido que foi graças a este meu amigo que o Presidente do Brasil, Itamar Franco, em mensagem relativa à criação da CPLP, incluiu o nome de Vera Duarte na emblemática lista representativa dos autores que escrevem em português, desde Machado de Assis a Fernando Pessoa, passando por Alda do Espírito Santo, Craveirinha, Pepetela e outros de grande nomeada.

Esta ditosa língua, rendilhada pela escrita de Padre António Vieira, Carlos Drummond de Andrade, Florbela Espanca, Eduardo White e Corsino Fortes, ganhou uma dimensão universal e devia hoje estar melhor representada na reescrita de um Cânone Literário do Mundo.

E sobre nós, povos de língua oficial portuguesa, estende-se generosamente o poder do idioma por eles eleito em matéria incandescente da liberdade e da criatividade estéticas. Sublimando e virando as páginas da História, sem esquecimento, onde o passado nem sempre é edificante, porquanto atravessado pelo colonialismo, a escravidão, o tráfico humano, os êxodos e outras violências, algo nesta contemporaneidade se agigantou, no mundo a que o português chegou. Primeiro em imperceptível fissura e logo ganhando espaços, conquistando terrenos e se oferecendo em dádiva. Hoje, a realidade é outra.

Segundo Amílcar Cabral, pensador, herói e pai das nacionalidades cabo-verdiana e guineense, a herança redentora que o passado colonial nos deixou foi a língua portuguesa e que constitui hoje o elo de união entre povos, felizmente soberanos, de diferentes nacionalidades e culturas, vivendo nos continentes europeu, africano, americano e asiático.

São o verso inspirado de João Cabral de Melo Neto, de Jorge Barbosa e de Maria Teresa Horta e a prosa avassaladora de José Saramago, de Manuel Rui e de Ungulani Ba Khosa que circularam e circulam pela lusofonia, outrora um comunidade de países ainda inexistentes, hoje estados que partilham e dão ressonância ao português como língua comum, o que de si releva não só o poder revigorante do Tempo, mas também um processo histórico heroico de todos rumo à consolidação das soberanias e à consagração da democracia e das liberdades. Tudo isso permite-nos perspectivar a CPLP como uma possibilidade de luz, absolutamente cósmica e agregadora, fazendo fluir relações outras que não aquelas particularmente dolorosas. Essa força, como já disse atrás, era a língua portuguesa que emergia magnífica, em prosa e verso, nas duas margens do Atlântico e se estendia pelo Índico adentro e outros mares do Planeta.

A língua portuguesa começava a tornar-se numa língua internacional. Assim *o sonho longamente sonhado* pelo Padre António Vieira no século XVII de um Portugal cheio de glórias, de um Portugal maior que Portugal, um Quinto Império, começava a ser materializado através da língua e Fernando Pessoa definitivamente o consolidaria com a formulação da tese de que o Quinto Império seria fundamentalmente um império cultural, posto que baseado na língua. Assim o ideário de Olavo Bilac que via nesta língua uma extensão novilatina, *a última flor do lácio*.

É Pessoa que cria a pátria mítica da língua portuguesa ao dizer de forma impressiva e lapidar: *A minha pátria é a língua portuguesa!*

Citando o brasileiro Carlos Alberto Faraco: "A transmutação do conceito de Quinto Império num Império imaterial (espiritual e cultural) traz de volta a ideia de um Portugal maior que Portugal: Portugal (a Grande Lusitânia) é agora o Império de Língua Portuguesa".

Ainda com Carlos Alberto Faraco diríamos que:

> [...] Embora qualquer língua, por critérios puramente linguísticos, seja equivalente a qualquer outra em termos de plenitude formal (ou seja, toda e qualquer língua tem plena organização estrutural) seu estatuto político pode variar em razão de circunstâncias históricas e socioculturais. São, portanto, duas distintas escalas de valores: a plenitude formal (critério puramente linguístico) igual a todas as línguas; as distintas realidades socioeconómicas, históricas e culturais (critérios não linguísticos) hierarquizam as línguas.

Ou, então, o compositor e poeta Caetano Veloso, a todos os títulos um literato, que se manifesta sobre o sentir, o falar e o escrever em português, em "Língua":

> [...]
> Vamos na velô da dicção choo-choo de Carmem Miranda
> E que o Chico Buarque de Holanda nos resgate
> E (xeque-mate) explique-nos Luanda

> Ouçamos com atenção os deles e os delas da TV Globo
>
> [...]

Essa é verdade axiomática!

Talvez ela seja mesmo um dos fundamentos que fizeram do Professor Agostinho da Silva o grande inspirador intelectual da criação da Comunidade dos Países da Língua Portuguesa. Quem no-lo diz é o inesquecível Embaixador José Aparecido de Oliveira, que esteve diretamente envolvido e liderou mesmo o processo que conduziu à criação do Instituto Internacional da Língua Portuguesa (IILP) em 1989 e depois da CPLP em 1996.

Ele disse claramente que:

> O Professor Agostinho foi importantíssimo quando chamou a atenção dos brasileiros para o que representava uma política de desenvolvimento num mundo que tendia para a globalização. Ele previu com todas as suas nuances e consequências. E também fez despertar a nossa consciência, brasileira sobretudo, mas lusófona, com relação à África. Foi ele que, pela primeira vez, naquele tempo, chamou a atenção para as nossas raízes. E, além disso, dava uma palavra segura de advertência com relação ao nosso futuro. E entendia

> que era importante fazermos uma política de unidade, de fundamento da nossa língua comum. E isso foi uma abordagem que passou a ser feita e que chegou, inclusive, à CPLP. [...] Ele foi o grande formulador do tempo novo na lusofonia.

E foi essa ideia, sem dúvida genial, que prevaleceu na mente dos Países Fundadores da CPLP: Um *Djunta mon* de Estados falantes do português, como língua oficial, em ordem a cada um ganhar mais força na arena internacional, ancorado, como fica, nos demais membros, que se espalham por todos os continentes sem esquecer as respetivas diásporas. O simples e elementar princípio de que a união faz a força. E cria a escala necessária para que tenha barganha legítima e suficiente como futura língua de trabalho da ONU.

A língua portuguesa, falada pelos 10 milhões de portugueses, tem um valor, mas, falada potencialmente pelos 270 milhões de cidadãos que habitam a CPLP e as respectivas diásporas, tem um valor infinitamente superior e permite-lhe afirmar-se na arena internacional como a quinta língua mais falada no mundo e a segunda no hemisfério sul.

É simplesmente genial!

A língua portuguesa que era a língua da dominação tornou-se língua de pertença dos povos antes oprimidos, pois foram as Entidades fundacionais das cinco nações africanas que, sentadas à mesa das negociações e tendo do outro lado um Portugal democrático saído da Revolução dos Cravos de 25 de abril de 1974, soberanamente inscreveram nas suas Magnas Cartas o português como língua oficial.

A língua portuguesa falada pelo opressor foi expropriada pelos oprimidos e tornou-se língua de pertença e liberdade.

Estavam assim lançadas as bases para uma nova era de expansão da língua de Machado de Assis e Saramago, admiravelmente apadrinhada por Agostinho da Silva e José Aparecido de Oliveira.

Mas esta língua comum mantém os traços identitários de cada um dos povos que dela usufruem, pois são diversas as realidades idiossincráticas de cada integrante.

É, aliás, na diversidade que residem a riqueza e a beleza da CPLP, no fascínio e valorização do outro e do diferente.

Não temos nem queremos uma identidade única. Cada povo que integra a CPLP tem a sua identidade própria e ela se projeta na variedade do português que de cada um emana: Mia Couto tem um português diferente de Conceição Evaristo, que é diferente da Alda do Espírito Santo, que é diferente do Germano Almeida, que por sua vez é diferente da Paulina Chiziane ou de José Eduardo Agualusa.

Este é um momento de celebração, posto que claramente a CPLP vem se afirmando na arena global e granjeando um enorme capital de prestígio resultante não só do trabalho aturado e entusiástico que vem desenvolvendo como por esse lado imaterial transcendente que é o de se ter afirmado como uma comunidade de afetos.

Como bem assevera o Embaixador cabo-verdiano Jorge Tolentino.

> A mais de todas as razões que conduziram à sua criação estão os afetos. Seguramente que tem sido ele a encontrar o caminho em momentos menos bons. A facilidade para falar com franqueza, o desejo de, conjuntamente, superar escolhos, a determinação de sermos mais e melhor comunidade, o sentir-se gratos por estarmos juntos. Estamos perante um dado altamente diferenciador em relação a outras organizações de algum modo similares.

Entrementes, toda a celebração traz no seu bojo a necessidade de reflexão. Sabemos que esta organização é ainda uma ilustre desconhecida para muitos cidadãos que habitam no seu interior e não desconhecemos que existe um acerbo crítico à sua atuação, um pouco por todo o lado. Importa esclarecer, fazer e divulgar para que ela seja cada vez mais uma organização que congrega povos para além de países.

E, apesar da sua juventude de 25 anos, há que se perguntar: o que fazer para que a CPLP continue a prosseguir e a alargar a ambição desta caminhada conjunta dos nove países que ora a integram?

Várias seriam as medidas do ponto de vista económico, social e cultural, mas enquanto mulher na escrita, enumerarei apenas a que me parece própria deste domínio.

Para além da primacial livre circulação de pessoas, não hesito em afirmar a prioridade da livre circulação dos bens culturais, através do livro, da edição e da leitura, o que é o mesmo que dizer através da escola e do conhecimento. É importante que os autores, que são os guardiões da língua, possam ser lidos e estudados em todo o espaço cplpiano. Os livros de escrita criativa devem fazer parte dos *curricula* escolares e todas as formas de difusão e ampliação do gosto pela leitura devem ser adotadas. Para já faz falta uma antologia consagrada e consagrante dos autores da língua portuguesa, bem como rudimentos da historiografia literária de cada país-membro, para que o Cidadão Comunitário amplie a sua pertença e nela crie mecanismos de mais projeção deste projeto felizmente ainda em aberto.

Concluindo, como diz o poeta intelectual e pensador cabo-verdiano Filinto Elísio, *sou ilha e sou cosmos*. E este sentimento é-me transmitido *prima facie* pela língua portuguesa, pois é ela que me permite transcender o espaço exíguo da ilha e integrar uma comunidade que já almeja ter mais de 300 milhões de almas. Isto é um autêntico milagre para quem compartilha uma pátria de 500 mil habitantes.

Sou, portanto, uma cabo-verdiana que se sente cplpiana e expressa em português as emoções e perplexidades que, sem cessar, me assaltam o espírito.

A CPLP VISTA DA GUINÉ

Domingos Simões Pereira

A Comunidade de Países de Língua Portuguesa é percebida como a entidade política, que herda a trajetória da língua de Camões, nas latitudes das suas conquistas pelo mundo, por onde estabeleceu vivências, partilhou sentimentos, deu e também recebeu muito do que é hoje, dos seus sotaques, da mestiçagem das suas cores, dos seus cheiros e paladares. Esse tesouro de valor inestimável assegura o encontro de povos de proveniência vária, vindos de todos os cantos do hemisfério, desde a Ásia, da Europa, de África e das Américas. Pode até, porventura, ainda lembrar sofrimentos, dos tempos das descobertas, em que a procura do ganho levou a que todo o estranho fosse hostil, e inimigo. Mas da relação estabelecida por esses povos resultaram sentimentos muito particulares, que reclamam uma pertença a algo comum, profundo e essencial.

Reunidos naquela que até há pouco era a metrópole, a capital do império, sete chefes de Estado, a quem se juntou mais tarde o oitavo, e agora o nono, decidiram dar corpo à intenção já latente da fundação de uma organização que traduzisse a vontade de manterem uma relação privilegiada, de diálogo, intercâmbio e parceria. Os presentes eram os Presidentes de Angola, do Brasil, de Cabo Verde, da Guiné-Bissau, de Moçambique, de Portugal e de São Tomé e Príncipe, a que se juntou Timor-Leste cinco anos mais tarde. As pétalas da rosa dos mares[1] escolhida para símbolo da organização só chegaria a nove, da sua configuração atual, em 2012 (15 anos depois), com a muito falada, controversa na visão de alguns, adesão da Guiné Equatorial.

José Aparecido de Oliveira, o grande Embaixador brasileiro, por justiça à missão diplomática que tinha desenvolvido sob o consulado do Presidente José Sarney, é tido como o pai da organização, e são-lhe creditados os esforços de mobilização das vontades, o acelerar do processo quando muitos preferiam um caminhar mais pausado e ritmado com mais paciência. Os diários da agenda fundadora da organização registam que o Embaixador assumiu a missão a fundo e fez os corredores diplomáticos de todas as capitais da língua portuguesa, logrando que, já em São Luís do Marranhão (1989),

1 Círculo geométrico dividido em partes iguais, conforme o número de países da CPLP. Cada elemento em forma de onda representa o mar, que se entende como o primeiro elemento a unir esses países.

todos dessem o sim ao enlace e à intenção de formalizar a comunhão da língua portuguesa, por todos os seus falantes oficiais. O resto é a cronologia que se conhece, já aqui referida e nunca esgotada no tempo.

Será por isso interessante poder olhar para esse ponto de chegada, de várias perspetivas, e projetar o que daí tem resultado, de vários ângulos. Uma linha traçada desde o paralelo 11°52'N 15°36'W, das terras e povos encontrados pelo navegador Nuno Tristão há mais de seis séculos, apelidado inicialmente de Rios da Guiné do Cabo Verde, antes de se tornarem na Província da Guiné Portuguesa e finalmente na República da Guiné-Bissau. Desde esse ângulo, Amílcar Cabral é certamente o principal protagonista do despoletar dessa pertença. Desde logo pela sua identidade, transatlântica, africana mas que se assumia como do mundo. Filho de cabo-verdianos, nascido na Guiné, casado com uma portuguesa e depois com uma cabo-verdiana, com altos estudos em Portugal, integra o círculo de nacionalistas africanos e participa na fundação da casa dos estudantes do império, que era o centro da consciencialização desses povos pela causa da liberdade. Uma liberdade que só seria real, genuína e autêntica se visasse a libertação do ser, do homem, e não simplesmente a melhoria da sua condição social, envolta na subjetividade com que era tratada por uns e por outros.

Em 1956, ao fundar o movimento para a libertação, Cabral lançava já e em simultâneo o desafio transcendental e pioneiro, de juntar no mesmo processo, as causas da libertação de dois territórios, distantes de aproximadamente mil quilómetros, de realidades bem dispares, mas unidos indubitavelmente pela história dos seus povos e pela realidade de uma colonização e povoamento que os outorgava uma entidade comum, ou pelo menos muito partilhada. A fundação do Partido Africano da Independência da Guiné e de Cabo Verde ainda hoje suscita interrogações e muitas conversas, devendo continuar a merecer mais estudos e estudos mais aprofundados sobre a justeza dessa postulação. O que o tempo já tratou de refutar é o convencimento inicial de muitos de que o propósito se resumia a uma simples questão estratégica, de eventualmente levar Cabo Verde a reboque, na luta que só tinha condições de se desenrolar na Guiné. A presença e influência de Amílcar Cabral foram sentidas em Angola, na fundação do MPLA, no intercâmbio e integração com a direção da FRELIMO (Moçambique), do MLSTP (São Tomé e Príncipe) e da FRETILIN (Timor-Leste). Este líder revolucionário que a polícia política tentava colar à ideologia comunista, por força do apoio material que tinha para o sustento da sua ação, trazia uma visão nova, transversal e integradora para a causa da libertação dos povos africanos. Mas, logo de seguida, atingiria outro nível e dimensão com a célebre proclamação de que a "nossa luta é dirigida contra o regime colonial e fascista, e não contra o povo português, que é irmão e submetido ao mesmo sofrimento que vive o nosso povo".

Os líderes dos movimentos de libertação dos países africanos de língua portuguesa deram então, com esse posicionamento, o sinal de uma compreensão superior do seu compromisso com as causas da humanidade em geral e uma perspetiva pan-africana na conceção da sua estratégia, o que conduziu, já em 1960, em Túnis, a fundação da FRAIN (Frente Revolucionária Africana para a Independência Nacional das Colónias Portuguesas), convertida pouco tempo depois, em abril de 1961, em Casablanca, na CONCP (Conferência das Organizações Nacionalistas das Colónias Portuguesas), com a participação dos lideres do PAIGC, do MPLA, da UDENAMO (mais tarde FRELIMO) e do MLSTP, mas contando ainda com a presença de nacionalistas indianos de Goa. Esse sentimento esteve fortemente presente na histórica audiência concedida no vaticano a Agostinho Neto, Amílcar Cabral e Marcelino dos Santos, no final da Conferência Internacional de Solidariedade com os Povos das Colónias Portuguesas, no qual esses líderes africanos surpreenderam o sumo pontífice Papa Paulo IV, e todo o concerto das nações ao incluírem na sua lista de preocupações a própria situação em que vivia o povo português, sob as amarras do fascismo.

Com o evento das independências já em meados dos anos 1970, depois do 25 de abril em Portugal, os Estados africanos decidiram criar o fórum PALOP (Países Africanos de Língua Oficial Portuguesa), reunindo os cinco países de África, mas a que se juntou, mais tarde e informalmente a Guiné Equatorial, e contando com uma participação assídua de Timor-Leste enquanto país amigo e observador.

Estes elementos ilustram, sem deixar espaço para equívocos, como a fundação da CPLP teve um importante contributo do contingente africano, não só pelo número, mas pela vontade dos seus líderes e dos respetivos povos, em se reencontrarem e a celebrar a identidade que o choque e interação do português com as várias línguas locais produziu, e toda a panóplia de culturas e vivências que daí resultaram, e que durante mais de cinco séculos se emadureceram, floresceram, se metamorfosearam e agora estariam prontas a produzir importantes frutos para toda a imensa comunidade dos povos.

É decorrido exatamente um quarto de século desde a fundação, e é maioritário o sentimento de que a organização ainda se justifica, só que já não bastará proclamar vontades e intenções, nem mesmo preenchidas por programas como a promoção conjunta da língua comum, do intercâmbio político diplomático e da cooperação entre os vários sectores. Essas proclamações oficiais já começam a provocar alguma desilusão por a caminhada ser lenta e parecer em círculo, porquanto a abertura à livre circulação dos cidadãos e bens, há muito anunciada, tarda a se materializar; a cooperação económica mantém-se uma vontade pouco explorada e com reduzidas possibilidades de florescimento; a consolidação democrática segue longe da realidade em muitos quadrantes, e a organização demonstra pouco peso nesse exercício; a própria língua portuguesa com pouco do crescimento projetado. A essas constatações factuais se associa o sentimento de alguma perda de dinamismo e inovação por parte dos que são vistos sem se assumirem como a locomotiva da organização, e o conformismo dos que aceitam a condição de vagões inertes, relegados à vontade do seu próprio peso e inclinação.

Independentemente da vertente com que se identifica ou a que se alinha, é inevitável aderir ao questionamento das razões dessa sensação de paragem no tempo e mesmo de algum retrocesso: o que é que trava a progressão da CPLP e o que precisa ser feito para que ganhe nova impulsão para um percurso mais uniformemente acelerado e possa corresponder à vontade dos mais de 300 milhões de pessoas que respondem pela designação de cidadãos da comunidade de língua portuguesa, e a extensa zona de influência que se cria com a localização dos seus Estados-Membros, por todo o planeta.

Cada ângulo de visão proporciona de facto uma perspetiva diferente, e nenhuma delas necessariamente coincidente ou parecida. Aqui, tenta dar-se uma ideia do que se vê a partir da Guiné, através dos olhos de alguém que esteve lá dentro, tendo podido viver as ansiedades e as frustrações, as conquistas e as desilusões. Como é que a Guiné vive, sente, olha e compreende a CPLP, por via de uma descrição resumida, que acontece no acompanhar das celebrações dos 25 anos da organização. Na opinião deste observador e membro da comunidade, quatro elementos dissecam os principais constrangimentos, mas também definem as oportunidades, para uma maior pujança da organização: o desafio político, a dimensão económica, o papel da língua portuguesa e o envolvimento da sociedade civil e dos cidadãos. Os pontos do diagnóstico poderão até coincidir com a maioria dos Estados-Membros, principalmente os africanos, mas aqui descrevem particularmente a realidade guineense, da qual se parte para a proposta de medidas, com potencial para o salto qualitativo que os anos da maturidade da organização já reclamam. Não se trata, portanto, de uma lista de receitas, nem pode ser de aplicação imediata e indiscriminada, mas de simples elementos de reflexão a se poder considerar.

O DESAFIO POLÍTICO

Concebido e idealizado a ser uma organização de povos, a CPLP também cumpriu a tradição de ser iniciada pelos respetivos Estados. Acontece que esse processo de estruturação da organização coincide com o período em que os Estados africanos também enfrentam o desafio da sua própria consolidação. A República da Guiné-Bissau foi proclamada como Estado soberano e independente em setembro de 1973, de forma unilateral pelo PAIGC, mas levou ainda um ano até ao reconhecimento desse ato por Portugal, já depois dos acontecimentos de abril de 1974 e a derrocada do regime colonial. O Estado recém-nascido na Guiné-Bissau ainda era (e continua) uma entidade frágil, amorfa, a carecer de uma nação na qual assentar a sua fundação e raízes. Mas a própria nação também está no processo de definição, e ainda se debate com questões essenciais, relativas à sua identidade populacional, do controlo sobre o seu território e da consolidação de valores como a língua, a religião e outros.

Não propondo uma incursão por grandes detalhes dessa realidade, parece relevante mencionar, que, num exíguo território, de apenas 36 mil quilómetros quadrados, coabitam mais de 30 nacionalidades – grupos sociais com língua própria, cultura específica, rituais e tradições distintas, e cada uma ávida do seu espaço de afirmação e preservação. A população, hoje estimada em 1,7 milhões de habitantes (menos de metade por altura da independência, em 1973), tem proveniência diversa, mas com indícios de ter resultado de conflitos vários no interior do continente, subsequentemente expostos e submetidos por longos períodos a grandes violências, só conhecendo um interregno de paz num breve período entre o fim das lutas de pacificação[2] (1939) e o início da luta armada de libertação (1963). A luta de libertação, sendo outro ato de violência, representava paradoxalmente o primeiro momento de paz e unificação entre esses povos – a perceção da necessidade de enfrentar um inimigo comum, mais forte e mais temível.

2 No início do século XX, o Capitão português Teixeira Pinto e o seu principal colaborador guinéu, Abdul Indjai, dirigiram uma guerra violentíssima, chamada de pacificação, contra o povo autóctone, para consolidar a sua submissão ao regime colonial.

Os limites territoriais são outros dos graves problemas que a nova administração teve logo de enfrentar, com ambos os vizinhos, tanto a Sul com a Guiné-Conacri (aparentemente solucionados pacificamente, beneficiando do quadro de relações construídas durante a luta de libertação) assim como do Norte com o Senegal, mais instável e até agora motivo de indefinições, receios e muitas cautelas.

Valores como a língua, a religião e os traços culturais, normalmente determinantes na solidificação da pertença à nação, ainda são fatores de rutura. Existe uma língua nacional, o crioulo (mistura do português com as línguas nacionais), do domínio e utilização por cerca de 75% da população. Mas a língua oficial é o português, falada por uns escassos 15% e, ambas ainda enfrentam resistências e dificuldades, em parte devido ao papel que tiveram na diferenciação da população perante a administração colonial, entre indígenas e civilizados. Igualmente a religião, com uma predominância animista (tradicional africana), agora se assiste a uma forte influência do islão (em induzida ascensão por todo o continente) e um residual cristão (em decadência pelo papel colonial e por interferências políticas).

Com um tal Estado e a imensidão das fragilidades que comporta, a adesão e integração a uma comunidade era necessariamente um exercício muito complexo, até condicionada, pela permanente hesitação entre a procura da cooperação, para atender às carências e necessidades, e o preservar da soberania, para não expor e fragilizar a proteção dos direitos e interesses particulares. Convidado a participar no processo da criação formal da CPLP, o único consenso nacional com que podia contribuir era o da promoção da língua oficial comum. Dois anos depois, o país mergulha de novo em um conflito armado com o envolvimento dos exércitos vizinhos do Senegal e da Guiné Conacri, e, apesar da visível combinação de esforços entre Portugal e Angola no quadro da CPLP, as suas posições não eram necessariamente coincidentes, e a atuação de Jaime Gama (MNE de Portugal) é entendida pelos círculos próximos ao Presidente João Bernardo Vieira como de interferência indevida nos assuntos internos do país. Essa circunstância não terá minimamente ajudado no eventual alargamento dos espaços de intervenção da organização, antes pelo contrário. Com base nesse exemplo da Guiné-Bissau, os Estados-Membros endureceram ainda mais as restrições a qualquer intervenção da organização nos assuntos políticos internos a cada Estado, criando um dilema paradoxal: em face de uma necessidade concreta, reclama-se que a organização faz muito pouco; todavia, o mandato que recebe dos Estados-membros é restritivo e sensível aos âmbitos da soberania.

Os mesmos princípios e procedimentos são presentes no respeitante ao reforço das instituições democráticas nos Estados-Membros que, na maior parte dos casos, acaba se resumindo ao apoio na confeção dos boletins de voto e no envio de equipas de observação das eleições. Mesmo estas ficam geralmente restritas ao próprio ato eleitoral (não cobrindo a fase do recenseamento, nem o completo processo de apuramento), evitando as missões a todo o custo de pronunciamentos que possam pôr em causa a satisfação das autoridades no poder, o que leva à proclamação prematura e precipitada de "eleições justas, livres e transparentes" sem uma verdadeira avaliação qualitativa dos mecanismos e das medidas que podem ser implantadas para a subsequente melhoria de todo o processo. Nesse particular, a CPLP tem vindo mesmo a ceder terreno a favor das organizações sub-regionais, que evocam o principio da subsidiariedade concedida pelo Conselho de Segurança das Nações Unidas, e chamam a si o direito prioritário de intervenção, e que tem servido essencialmente para conferir aos Estados da sub-região a oportunidade de salvaguarda dos seus interesses geoestratégicos. Veja-se como a Guiné-Bissau acaba entregue à arbitragem e decisões em função dos interesses do Senegal, da Guiné Conacri e da Nigéria, em detrimento da observância das leis do país e do reforço das instituições democráticas.

Um dos programas centrais da organização e que tem estado no centro de todas as cimeiras da organização é a livre circulação de pessoas e bens. Todos concordam tratar-se de uma disposição fundamental, sem a qual a própria existência da organização fica questionada, mas poucos Estados chegam a dar algum passo para que o seu espaço territorial se abra ao resto da comunidade. Para justificar essa ineficiência, uns evocam compromissos regionais enquanto outros admitem a sua fraqueza institucional e o risco de invasão externa. Perante este impasse que já perdura, o cidadão comunitário tende a olhar para o Secretariado Executivo, a que imputa responsabilidades, sem dar conta de que este está desprovido de qualquer capacidade de intervenção nesse domínio sem o mandato explícito dos Estados-Membros.

Todo este emaranhado de questões aponta claramente para a necessidade de uma avaliação mais sincera e ponderada dos objetivos que precederam à criação da organização, assumindo com clareza o seu caracter simbólico e representativo, ou então a aposta numa transformação de substância e com medidas muito concretas para a sua viabilização:

- O Secretariado Executivo deve receber o mandato dos Estados por um tempo mais dilatado e prestar contas de forma regular, mas sem a limitação e interferência atual das representações de cada Estado-membro.
- Rever o acordo de sede, para clarificar a articulação com Portugal, enquanto país que abriga a organização, e permitir que o país que exerce a presidência possa ter uma presença e influências mais efetivas no funcionamento da organização.
- Maior responsabilização dos Estados-membros para a tradução, nas suas políticas e atuações internas, dos acordos estabelecidos no nível da organização e a criação de estruturas de acompanhamento nacional, junto de cada um dos países.

- A concertação político-diplomática deve ser entendida na esfera da influência positiva dos pares com vista à disseminação das melhores práticas, fixação de metas programáticas com mecanismos de monitoramento e supervisão para assuntos como a transparência (eleitoral e outros), os direitos humanos, a liberdade de imprensa e de associação etc.
- Abertura de uma representação junto das nações unidas para a coordenação das ações dos Estados-membros, e para melhor articulação com as organizações regionais como a União Africana, a União Europeia, o Mercosul e a Asean, e mesmo com as sub-regionais.
- Incentivar a revitalização e funcionamento do fórum dos PALOP como forma de diminuir o *gap* desses Estados e uma mais rápida e efetiva integração global da comunidade.
- Estimular e incentivar uma maior integração e articulação dos serviços consulares, culturais e outros nas representações diplomáticas nos países terceiros e nas próprias capitais de língua portuguesa.
- Afinar e aprimorar os instrumentos de comunicação e interação dos cidadãos comunitários com as estruturas da organização e com os Estados-Membros por forma a evitar o ainda prevalecente sentimento de distância e indiferença para com os problemas que afligem os cidadãos.

Obviamente que este enunciado de medidas não suplanta automaticamente as deficiências inicialmente apontadas. Devem é permitir a assunção explícita pelos Estados das assimetrias existentes, reconhecer que estão em fases diferentes do processo de consolidação, e que o *gap* pode e deve ser superado através das sinergias que se criam pelo mecanismo de integração e cooperação.

A DIMENSÃO ECONÓMICA DA ORGANIZAÇÃO

O muito reclamado pilar económico da comunidade já passou pelo ensaio da gestão pelo Conselho Empresarial, sua transformação em Confederação empresarial, mas segue dando mostras de ainda enfrentar muitas dificuldades, levando incluso a que muitos a sentenciem como um fracasso. Sendo certo que ainda está numa fase embrionária e com muito para aprender e crescer, é convicção deste ensaio que se tem acumulado alguma experiência e lições importantes que poderão proximamente produzir ganhos substantivos para as economias dos Estados-membros, para as mulheres e os homens de negócio, e em primeira instância para a satisfação de todos os cidadãos da comunidade.

Continuamente repetido em todos os pronunciamentos da comunidade, que a pertença de cada um dos Estados-Membros a um espaço geográfico específico é a grande vantagem comparativa e de oportunidades da CPLP, devendo cada país representar uma janela de oportunidades para os demais nessa região do mundo. Tarda, no entanto, a se materializar essa intenção, sobejamente conhecida e anunciada por todos, e que aqui também se aborda de forma esquemática, numa junção do diagnóstico à proposta de solução.

Já parece evidente que o incremento da cooperação económica na CPLP não pode continuar a ser visto como uma questão exclusivamente empresarial, delegando todas as competências a um representante dessa classe, de quem se espera a produção de ideias inovadoras e que impulsionem o sector. Há que reconhecer uma importante componente de políticas públicas associadas, e reformas estruturais que devem ser concebidas e implementadas e que aqui se tentam sintetizar:

- Criar um conselho económico e empresarial que identifique medidas de política económica e metas programáticas a serem atingidas por todos os Estados-membros, cabendo eventualmente a dinamização desse processo à estrutura da Confederação, mas numa articulação permanente com as entidades oficiais.
- Reconhecer como componentes essenciais desse processo as questões relacionadas com o ordenamento legal que são aplicados em cada um dos países e a necessidade de encontrar mecanismos de harmonização e integração, como a então encetada parceria com a Unidroit (organização sedeada em Roma) para uniformização das leis e dos procedimentos.

- Em vez de tentar substituir ou ultrapassar as organizações sub-regionais, há que assumir como vocação principal da CPLP a capacitação e o apoio dos seus Estados-membros na sua plena integração a essas organizações, da qual têm retirado pouco proveito exatamente pelas insuficiências estruturais que comportam. No caso concreto da Guiné-Bissau, será na avaliação do desempenho no quadro da CEDEAO e da UEMOA que deverão ser identificadas oportunidades que não só enaltecem a presença do Estado em referência como de pleno direito, como a abertura da tal janela de oportunidade para os demais.
- Superadas as questões de ordem legal e dos direitos de atuação nesses espaços, será então o momento de visar a infraestruturação, com investimentos nos transportes e na transformação, para potenciar as sinergias que se podem criar e o aproveitamento do muito que se pode fazer em conjunto.
- Já se falou tanto da experimentação da livre circulação de pessoas e bens através de categorias específicas de cidadãos. Há que pressionar a sua aplicação preferencial junto dos empresários, a par dos profissionais da arte e cultura, alunos, professores e jornalistas.

A cooperação económica e empresarial tem de ser entendida numa dimensão indissociável à visão que os próprios Estados tiverem e que projetarem do seu desenvolvimento económico, sendo inusitado pretender a criação de um oásis de exceção em relação àquilo que acontece no país, para a realização de negócios e investimentos. Todos terão de se comprometer, e o Estado em primeiro plano, para a criação do ambiente propício, para estabelecer um quadro legal favorável e para a reunião de todos os componentes essenciais.

A LÍNGUA PORTUGUESA

Reflexos de tempos passados, em que era percebida como fator de segregação, a língua portuguesa ainda provoca reações diferenciadas. É a língua oficial, mas ainda do domínio e utilização corrente só por uma ínfima percentagem, enquanto a maioria a percebe como um fator da afirmação de um estatuto de superioridade, pelos dos centros urbanos e com acesso ao ensino. Este último fator podia inclusive representar o espaço de progressão, porquanto o crescimento da população utilizadora da língua portuguesa seria diretamente proporcional ao número de pessoas que entrassem e progredissem no sistema de ensino. Todavia, a estagnação deste último tem arrastado aquele para níveis verdadeiramente preocupantes.

A promoção da língua portuguesa é mal compreendida mesmo pela maioria dos Estados-membros, que não chegam verdadeiramente a assumir a sua promoção enquanto língua de acesso à ciência, ao comércio e certos domínios da cultura. Mesmo tendo adotado o acordo ortográfico, a sua ratificação e entrada em vigor são muito questionadas, deixando-se levar pela retórica discursiva de um debate distante e inócuo, do risco de submissão ao domínio do português do Brasil. Na verdade, o que falta é essencialmente a existência de um Vocabulário Ortográfico Nacional, a partir do qual será possível encontrar as palavras e expressões comuns sobre as quais incide o acordo. Essa crítica perde de vista que só o Brasil contribui com mais de 200 milhões de almas para este espaço comunitário, e, para fugir ao analfabetismo e entrar no mar de oportunidades que se abre em consequência, pouco devia importar o sotaque em que tal é feito.

Por outro lado, é visível que o fraco nível do ensino no país tem muito a ver com a fraca compreensão e domínio que as pessoas têm do português, língua oficial utilizada no ensino e que limita, e compromete fortemente, a compreensão da matéria que é ministrada. A par da matemática, seria fundamental um investimento no estudo e no domínio do português, não simplesmente para a melhoria substantiva do ensino e dos níveis de aprendizagem, mas ainda para chegar ao universo lusófono e aos mais de 300 milhões de potenciais utilizadores.

Com base nestas constatações, as seguintes medidas de ajuste estrutural e de reforma parecem uma necessidade premente e que também merece consideração:

- Lançar, através das comissões nacionais do IILP e dos programas do Instituto Camões, campanhas de esclarecimento sobre as incidências do acordo ortográfico, conclusão do processo de ratificação e implementação.

- Concluir o processo de elaboração dos Vocabulários Ortográficos Nacionais de cada país, para a preservação das palavras e expressões que são próprias e que não são abrangidas nem entram no quadro de aplicação do acordo, servindo de antecâmara para a elaboração do Vocabulário Ortográfico de Língua Portuguesa.
- Articular um mecanismo de reforço do ensino da língua portuguesa nos países africanos, através nomeadamente da formação de professores, maior divulgação das plataformas de assistência virtual, para reduzir as carências que muitos Estados-membros ainda têm nessa matéria.
- Estimular e incrementar a abertura de centros de aprendizagem da língua portuguesa nos países africanos, especialmente para adultos e estrangeiros não necessariamente inseridos no sistema normal de ensino.
- Estimular e incrementar a abertura e o intercâmbio de centros culturais de cada país-membro da CPLP, tanto nas capitais de cada um dos Estados como em países terceiros e sedes de organizações internacionais, para o aumento dos utilizadores e maior procura dos conteúdos em língua portuguesa.

- Estimular a produção literária, da arte e da cultura em língua portuguesa, em ligação com as línguas nacionais e locais, por forma a quebrar a barreira da sua utilização simultânea e o incremento dos níveis de sua aceitação e difusão.
- Manter e reforçar a coordenação de esforços junto da Unesco na promoção da língua e das culturas do espaço lusófono.

A expressão de que "a língua portuguesa é também nossa", de todos, para merecer um cuidado combinado, proteção e promoção, não deve nem pode ser interpretada como a negação ou secundarização das línguas nacionais, também importantes na afirmação cultural e identitária dos povos.

A PARTICIPAÇÃO DA SOCIEDADE CIVIL E DOS CIDADÃOS

Tudo o que que aqui fica dito e indicado, e todas as mais reflexões a propósito, só farão algum sentido se houver uma apropriação pelos cidadãos desta comunidade, sendo um importante indicador o nível de adesão e integração das entidades da sociedade civil. Organizações de origem arbitrária, que se dedicam aos mais variados temas, dos direitos humanos à conservação e preservação do meio ambiente, da proteção dos animais à sensibilização sobre a qualidade de vida dos portadores de deficiência, da segregação das minorias, do direito à livre expressão e ao exercício da cidadania.

Muitos destes indicadores são ainda bastante deficitários nos países de língua portuguesa e devem merecer uma atenção bem especial, com as autoridades oficiais a criarem espaço e a estimularem uma participação plena dessas entidades da sociedade civil e dos cidadãos.

A democracia é anunciada como o regime político da escolha e preferência de todos os Estados-Membros da CPLP, mas é uma construção bem complexa e exigente, para a qual se necessita do envolvimento da sociedade civil e do conjunto dos cidadãos na missão de monitorar continuamente os níveis de liberdade outorgada. Exigem-se processos eleitorais isentos, em que as escolhas livres dos cidadãos prevaleçam, em que a justiça esteja ao serviço de todos e os trate de forma igualitária. Só é possível chegar a esse desiderato quando as premissas se transformarem no modo de vida dos cidadãos, que se organizam nas suas estruturas sociais para se fazerem ouvir, para serem parte do processo e para exprimirem o seu nível de satisfação ou repúdio. Se e quando a organização se alinhar por esses pergaminhos, estará a dar mais um passo decisivo para a sua afirmação, utilizando a propulsão dos que vão à frente, para arrastar os que forem ficando para trás, mas que também ambicionam o avanço e o progresso.

CONFISSÃO E TESTEMUNHO PESSOAL

Eu tive a honra e o privilégio de ser designado pelo meu país e pelo Presidente João Bernardo Vieira

(Nino) para servir esta organização na competência de Secretário Executivo durante dois mandatos, sob as presidências respetivas de Portugal (2008-2010) e de Angola (2010-2012). Foram quatro anos muito intensos, de muito trabalho, mas sobretudo de muita aprendizagem e muita descoberta sobre a grandeza do mundo de língua portuguesa, dos imensos espaços e oportunidades que ainda há a explorar e que têm o potencial de representar algo de único e transcendental para os seus povos e países. Conheci pessoas que marcaram a forma como passei a olhar para o mundo, para a vida e para este espaço da nossa pertença e vivência comum. Não poderei me referir a todos e com a profundidade que seria desejável, mas este pequeno artigo ainda seria mais incompleto sem a menção destes que constituem o meu quadro de honra, dos cidadãos da nossa Comunidade: o Embaixador Lauro Morreira, à altura Representante do Brasil na CPLP, é porventura o cidadão lusófono mais entusiasta e mais conhecedor da vivência brasileira na comunidade. Foi por ele que descobri Machado de Assis e a doçura da leitura das *Memórias póstumas de Brás Cubas*. Foi quem me levou a visitar a Real Academia Portuguesa de Leitura do Rio de Janeiro e a Academia Brasileira de Letras, mas também as casas africanas da Bahia. Outra figura brasileira e lusófona marcante na minha trajetória pela CPLP foi o Embaixador Carlos Moura, da Fundação Cultural Palmares e que também serviu em Bissau de Representante da CPLP. Carlos Moura era o irmão mais velho, o conselheiro e o diplomata de excelência, sempre disposto a ouvir e a encontrar caminhos para a solução dos problemas. Jogou um papel preponderante na organização da única cimeira de Chefes de Estado e de Governo alguma vez realizada na Guiné-Bissau.[3] Mónica Villela Grayley, diretora da rádio das NU em língua portuguesa, Diretora do Centro de Informação das Nações Unidas e Porta-voz da Presidente da 73ª sessão da Assembleia Geral das Nações Unidas. Que classe, que generosidade, que empenho em promover o português e todas as culturas a ela associadas.

De Angola, destaco a figura incontornável no meu consulado do Embaixador Hélder Lucas. Um finório na arte da diplomacia, um Senhor dos corredores do poder, sempre à procura da dose certa de intervenção, seja para confirmar a correta orientação, seja para a refutar e encontrar alternativas. Por ele e com ele, palmilhei quilómetros nas ruas de Nova Iorque, visitei figuras importantes e falei com gente que contava para grandes decisões. Juntos também realizamos a quinzena da CPLP em São Tomé e Príncipe e encontramos Teodoro Obiang, para introduzir a moratória para o fim da pena de morte como condição essencial para a adesão do seu país à organização. Foram momentos memoráveis que nunca esquecerei.

---

3 Aqui não entram em consideração as reuniões do Fórum PALOP (entidade informal), que eram simbolicamente designadas também por Cimeiras.

O Embaixador Luís Fonseca de Cabo Verde foi uma referência boa de seguir e de onde se inspirar, no seu jeito composto e organizado de ver e abordar toda e qualquer situação. Na altura, fazia um excelente par com o Embaixador de Cabo Verde, Arnaldo Andrade Ramos, mais tarde substituído pela Embaixadora Madalena Neves, ambos excelentes intérpretes da cultura e vivência lusófonas, tal como era o General Esmeraldo de Azevedo, da Universidade Lusófona de Humanidades e Tecnologias, e António Alves Lopes, diplomata e distinto profissional das relações internacionais. Este viveu comigo uma experiência singular, quase dramática, de defender a verdade numa reunião que se estendeu noite adentro numa capital da CEDEAO.

Para Moçambique, precisaria de muito mais espaço se quisesse nomear todos os que me marcaram e de quem aprendi tanto. A começar pelo já saudoso Oldemiro Baloi, então Ministro dos Negócios Estrangeiros, que dispunha de uma equipa técnica fantástica. Admirava o seu profissionalismo e dedicação. Imperioso associar a essa lista o Magnífico Reitor Jorge Ferrão, que conheci na Universidade Lúrio, antes da Universidade Pedagógica. A sua gestão dessas instituições de ensino me lembrava o meu professor Domingos Mendonça, de Cacheu. Não sei dizer o porquê, mas havia algo de especial na parecença dos dois. Talvez a paixão pelo ensino e a Excelência no seu método. Mais três figuras me são incontornáveis em Moçambique: Domingos Diogo, que não se importará de ser associado aos muitos da nossa odisseia na Ucrânia; a Professora e amiga Elyzabete Hardman – portuguesa, mas de um grande coração africano e que amava, respeitando os moçambicanos e; simplesmente Carlos Simbini – um grande senhor que conheci nas lides da Confederação empresarial e que admirei a forma sincera como defendia as suas convicções. Ah, já agora irmão da distinta Camarada Graça Machel e ex-piloto de caças de guerra.

Não terei espaço nem tempo para falar de todos os que vêm de Portugal, mas alguns destaques se impõem, nas pessoas do saudoso Embaixador António Russo Dias, que, pelo seu jeito sério e fechado, sabia apreciar e distinguir. Enaltecer o meu grande amigo, também já saudoso, Embaixador José Manuel Paes Morreira. Ele era família, e foi uma experiência dolorosa vê-lo extinguir-se. Podia e talvez devia incluir a extensa lista de excelentes profissionais que me acompanharam no Secretariado Executivo. A meio com as disputas e intensos debates que animávamos, davam sentido à nossa pertença comunitária. Finalmente, Mário Máximo, o verdadeiro homem da cultura lusófona, em tudo o que faz: pelos romances que edita a uma velocidade incrível, nos vários ensaios de teatro ou com as exposições de pintura que promove. Tudo o que toca parece brilhar, e leva sempre um sinal da sua pertença comunitária.

De São Tomé e Príncipe, o destaque para a saudosa Embaixadora Alda Melo dos Santos. Meiga e delicada em cada expressão ou gesto. E, para o Senhor da

Cultura, João Carlos da Silva. De uma alegria e entusiasmo contagiantes. A falar da paisagem ou da música, a sua paixão transmite delícia, igual ao seu trato com os pratos, quase se sente o aroma e o paladar.

O Ministro Zacarias Albano da Costa, a Embaixadora Natália Carrascalão e o Embaixador meu colega Martins Barreto, para além do histórico Roque Rodrigues, foram autênticos guias na descoberta de Timor-Leste. Do quanto se pode ter em comum com gente nascida tão distante, mas que partilha a nossa forma de estar e de ver o mundo.

Ao chegar ao fim deste breve ensaio, assumo ter consciência de cometer dois erros imperdoáveis: a lista de ações que considero importantes e esta menção dos reconhecimentos. Primeiro, porque sempre discutível o caminho a seguir e, por mais ressalvas que deixar, corre-se sempre o risco de ser interpretado como recados para a navegação e a pretensão de ter respostas aos problemas, em desprimor de quem labuta continuamente lá dentro. O segundo, porque, agora que considero fechada a lista, dou conta de que talvez nunca a devia ter aberta, tanta é agora a memória dos muitos que significam tanto para esta comunidade e com quem pude privar e aprender. Apesar de tudo isso, também já aprendi a não querer ser perfeito, nem jogar no seguro, evitando críticas à minha visão, subjetiva, pessoal, enviesada por meus sentimentos e convicções, mas minha e absolutamente autêntica nessa perspetiva. Por isso, não volto atrás, e só acrescento o privilégio que foi conhecer e trabalhar com Alda Espírito Santo, Aníbal Cavaco Silva, António Soares Lopes, Armando Guebuza, Assumpção dos Anjos, Carlos Lopes, Daniel Rosa, Evaristo de Carvalho, Filomeno Lopes, Gabriel Baguet Júnior, George Chicote, Henrique Pereira Rosa, Inocência Mata, Isabel Castro Henriques, Jaime Nogueira Pinto, João Lourenço, João Melo, Joaquim Chissano, Jorge Sampaio, José Eduardo dos Santos, José Maria Neves, Luís Inácio Lula da Silva, Madalena Semedo, Malam Bacai Sanha, Manuel Domingos Augusto, Manuel Pinto da Costa, Mário Soares, Pedro Pires, Ramos Horta, Rosa Cruz e Silva, Xanana Gusmão, os painelistas do Debate Africano da RDP.

Todos estes, e os muitos milhões que ficam esquecidos pela incoerência destas linhas, fazem a minha esperança, de um dia alcançarmos uma CPLP dos povos e na linha da nossa ambição coletiva.

MOÇAMBIQUE E A CPLP

– as minhas breves memórias como secretário executivo da CPLP

Murade Murargy

ANTECEDENTES HISTÓRICOS

Antes de qualquer consideração sobre a minha experiência como Secretário Executivo da Comunidade dos Países de Língua Portuguesa e a minha visão a respeito das relações entre Moçambique e a CPLP, afigura-se pertinente recorrer ao contexto histórico-político em que surge a ideia da criação de uma Comunidade de países com um passado histórico comum e a partilha da mesma língua.

Quando esta Comunidade foi criada, a maioria dos países africanos com esse passado histórico comum não existia, como Estado independente. Todavia, existiam os *povos* com esse passado comum, o que torna incorreto utilizar como fundamento para a criação da CPLP que a esses novos Estados lhes unia com passado histórico e cultural comum. Talvez o linguístico os unisse.

A independência das antigas colônias portuguesas foi um complexo e doloroso processo, com muitos contornos, que deixou feridas, sequelas e marcas profundas de sofrimento ainda hoje visíveis e não superadas nos rostos das gerações que sobrevivem. A esperança de futuro mais distendido reside naqueles que não carregam consigo esse peso e que possam, sem complexos de qualquer natureza, construir novas sociedades sãs e uma solidariedade verdadeira virada para o futuro. A juventude representa esse futuro de uma CPLP sem preconceitos ou complexos.

O grande êxodo dos antigos colonos para a sua metrópole, entre quadros da administração pública e agentes econômicos de vários quadrantes, deixou os novos países acabados de emergir, numa situação de extrema fragilidade institucional, obrigando-os a recorrer a jovens inexperientes e outros quadros políticos, alguns sem nenhuma formação profissional ou acadêmica que pudesse garantir o funcionamento normal das instituições dos novos Estados.

A saída em massa dos antigos colonos também não contribuiu para consolidar o sentimento de amizade e solidariedade entre os nossos povos e o português, unidos na luta de ambos contra o inimigo comum, a ditadura fascista vigente em Portugal e a respetiva política colonial de subjugação e opressão dos povos africanos.

A normalização das relações entre Moçambique e Portugal levou o seu tempo, pois foi necessário um grande esforço diplomático dos então Ministros dos

Negócios Estrangeiros de Moçambique e de Portugal, Joaquim Chissano e Melo Antunes, que souberam e tiveram uma visão de longo alcance e da importância da convivência e cooperação mutuamente vantajosa entre os dois povos e países.

Ainda neste contexto histórico a anteceder a criação da CPLP, os Cinco Países Africanos de Língua Portuguesa haviam criado a sua organização própria de cooperação multifacetada, dando sequência à articulação de estratégias de luta armada entre os respetivos movimentos de libertação nacional, a FRELIMO, o MPLA e o PAIGC, no seio da CONCP. Os PALOP despertaram a atenção e o interesse de alguns dirigentes de outros países de língua portuguesa que se sentiram excluídos e marginalizados desta nova união e plataforma africana de atuação conjunta.

Todos sabemos como nasceu o Instituto Internacional da Língua Portuguesa no Maranhão, que precedeu a criação mesma da CPLP. Foi uma tentativa de dar resposta a essa lacuna e de tentar a recuperar o tempo e espaço perdidos por falta de visão de alguns dirigentes dos Estados-Membros. Até hoje subsiste essa mentalidade, que se manifesta em algumas atitudes neocoloniais disfarçadas.

Quando a Comunidade dos Países da Língua Portuguesa foi criada, em 1996, eu acabava de iniciar as minhas funções de Ministro Chefe da Casa Civil na Presidência do então Presidente da República Joaquim Alberto Chissano, em Moçambique. Na verdade não acompanhei de perto os contornos deste processo, visto ser matéria do Ministro dos Negócios Estrangeiros, que se reportava diretamente ao Chefe de Estado, coadjuvado nas negociações pelo nosso Embaixador em Lisboa.

Esporadicamente me chegavam informações sobre o decurso das difíceis discussões da Declaração Constitutiva e dos primeiros Estatutos, pois em certos momentos instalou-se certa tensão devido ao facto de persistir uma tendência que pretendia vocacionar a nova Instituição apenas à divulgação e promoção da língua portuguesa, e à concertação político-diplomática. Para alguns países, sobretudo para Moçambique, era desnecessária uma organização com base nesses pressupostos, na medida em que, para tratar das questões da Língua, já tínhamos o Instituto Internacional da Língua Portuguesa. Para a articulação político-diplomática, as nossas missões diplomáticas e as nossas chancelarias nas capitas colmatavam com eficácia essa necessidade. Esta nova organização devia ser mais ousada, ir mais além e ao encontro dos desejos dos nossos povos. Moçambique defendeu a incorporação da vertente da Cooperação Técnica, sem a qual não teria sentido a existência desta organização intergovernamental.

Essa tendência a que fiz alusão acima concebia a CPLP como uma Comunidade de Países e não dos Povos. Só muito recentemente começou a ser acolhida, embora com certas reservas, a ideia de ser uma Comunidade de Povos e a incorporação nos seus objetivos de outras vertentes nos objetivos dos estatutos, como a componente econômica e empresarial.

Ultrapassados os primeiros obstáculos e consagrada a criação desta nova organização intergovernamental, limitei-me a receber de tempos em tempos informações sobre sua evolução e desenvolvimento a sem me preocupar com os resultados que produzia.

De recordar que, no período da criação desta Instituição, os sete países fundadores atravessavam diferentes estádios de desenvolvimento e da consolidação dos seus processos internos, quer das suas independências para alguns e das suas democracias emergentes para outros. Angola e Moçambique enfrentavam agressões externas às suas soberanias e integridade territoriais. Daí resultou a pouca importância que estes países atribuíram à CPLP nesta fase inicial. Para nós a CPLP era uma questão marginal, só nos preocupando com ela e nos despertando algum interesse sempre nas vésperas de grandes eventos.

Durante a minha permanência na Presidência da República de Moçambique participei na cimeira que teve lugar em Maputo em 2000, sucedendo Cabo Verde no exercício da presidência rotativa, e que estou em crer não imprimiu o dinamismo necessário para catapultar a organização para outros patamares, pois acabávamos de assinar os acordos de Paz em Roma e fazendo face a um processo complexo de um novo ciclo de governação, tendo em conta que o novo quadro jurídico-político que se estabeleceu, implicando o envolvimento de outras forças políticas no cenário político nacional e o início do processo democrático instituído e consagrado na nova Constituição multipartidária.

As cimeiras de Brasília (2002) e São Tomé e Príncipe (2004) tiveram lugar sem que eu me apercebesse dos seus resultados e o seu impacto na vida dos nossos povos. Debruçar-me-ei mais adiante nos obstáculos que contribuíram e ainda contribuem para o reduzido impacto dessa organização nas nossas populações em outros estudos que futuramente irei publicar.

Cheguei em 2006 a Brasília como o novo Embaixador de Moçambique com este apagão nos assuntos da CPLP. Tive aqui a sorte de estar envolvido na preparação da cimeira de Bissau de 2006, graças ao impulso e dinamismo empreendidos pelo Embaixador Lauro Moreira, que foi o coordenador do apoio técnico e logístico ao governo da Guiné-Bissau para que esse evento tivesse lugar e fosse um sucesso. Este é o espírito que eu esperava deve prevalecer no seio da Comunidade.

Após a cimeira, creio que o Embaixador Lauro Moreira partiu para Lisboa como o Representante Permanente junto à CPLP, sendo o primeiro no nível dos países-membros. Com a sua saída, o grupo CPLP em Brasília não funcionou regularmente até a chegada do Embaixador de Portugal, cujo país havia assumido em 2008, na Cimeira de Lisboa, a presidência rotativa da organização. O novo Representante português, o Embaixador Salgueiro, imprimiu uma nova dinâmica ao grupo que me permitiu acompanhar a evolução e o crescimento da organização. As visitas dos Secretários Executivos em exercício naquele período a Brasília, respetivamente, o Embaixador Luis Fonseca e o Engenheiro Domingos Simões Pereira, foram muito importantes na medida em que impulsionaram ainda mais as atividades do grupo CPLP em Brasília.

Após a presidência portuguesa seguiu-se a angolana, que deu continuidade à dinâmica anterior, pelo que eu, pessoalmente estava minimamente inteirado das atividades e do pulsar da Comunidade dos Países da Língua Portuguesa e da sua importância no reforço das relações de amizade entre os nossos países, instrumento fundamental na construção dessas pontes de união entre os respetivos povos. Mas também constatei com certa amargura que no Brasil, apesar de estar localizado em São Paulo, o Museu da Língua Portuguesa e uma considerável comunidade de cidadãos de países falantes da língua de Camões, a CPLP não era e ainda não é conhecida. Não passava de alguns corredores do Palácio do Itamaraty.

ELEIÇÃO COMO SECRETÁRIO EXECUTIVO

Estava em Brasília, num final da tarde, quando recebi uma chamada telefônica do Ministro Oldemiro Baloi, então Chefe da Diplomacia Moçambicana, que me anunciou que, por decisão do Chefe de Estado Armando Guebuza, fui escolhido para ser indicado como o candidato de Moçambique para o posto de Secretário

Executivo da Comunidade dos Países da Língua Portuguesa. Eu ainda retorqui, argumentando que eram funções de muita responsabilidade e eu não me sentia à altura da dimensão dessa responsabilidade. Além do mais, eu iria suceder a uma figura carismática e muito bem-sucedida na promoção da imagem, do crescimento e do prestígio internacional da CPLP, o Engenheiro Domingos Simões Pereira.

Como, na nossa disciplina diplomática, uma decisão tomada é uma decisão cumprida, eu não tinha outra escolha. Fui mais tarde informado de que, se eu não tivesse aceito aquelas funções, o meu próximo posto diplomático seria o de Embaixador na Rússia, que, diga-se de passagem, não me desagradaria por se tratar de um novo desafio naquele contexto histórico ainda no rescaldo do fim da guerra fria e do realinhamento dos dois blocos antagônicos.

Como sempre fui ousado em aceitar desafios, avancei com determinação e fui eleito na Cimeira de Maputo, em 2012, como o novo Secretário Particular Executivo para o biênio 2012-2014 e posteriormente reeleito para um novo biênio, de 2014-2016. Quero destacar que, ainda antes da minha eleição, desloquei-me discretamente a Lisboa, onde contactei o Secretário Executivo e o Diretor-Geral no ativo que me inteiraram dos principais desafios da organização, as relações institucionais no seio da Comunidade, o que me colocou de sobreaviso quanto ao que me esperava naquela casa.

Elegi como temas prioritários para o meu plano de ação, como Secretário Executivo, os seguintes:

- A mobilidade no espaço comunitário.
- A adesão da Guiné Equatorial como pleno direito na CPLP.
- A reflexão sobre o futuro da CPLP, adotando uma Nova Visão Estratégica.
- A cooperação econômica e empresarial como um dos novos objetivos.
- A melhoria das condições salariais dos funcionários do Secretariado.
- A expansão do espaço no edifício da sede.

Estes foram os temas que constituíram o meu foco principal e prioritário, para alem de outras questões residuais e marginais, tais como a revisão do orçamento de funcionamento estagnado há bastante tempo, a melhoria das condições de trabalho e a revisão salarial dos funcionários da organização.

MOBILIDADE

Este foi o primeiro desafio que me foi colocado logo em Maputo pelos jornalistas, após a minha eleição, pois era a principal preocupação dos cidadãos, a mobilidade no espaço comunitário. Eles não entendiam de que Comunidade estávamos falando, na medida em que a liberdade de movimento dos cidadãos estava cerceada. O cidadão moçambicano, tal como o das outras antigas colônias, estava ávido por conhecer outras realidades da nossa Comunidade, sobretudo a antiga metrópole; era um sonho que não se realizava, pelas dificuldades que enfrentavam para o respetivo visto de entrada.

Durante os 18 anos da existência da Comunidade, foram aprovados vários protocolos sobre a circulação e mobilidade dos cidadãos, sem que nenhum conseguisse responder às aspirações do cidadão comum. Em Luanda, foi adotado, na última cimeira, pelos Chefes de Estado e de Governo, um novo Protocolo sobre a Mobilidade, mas que duvido seja uma resposta para os anseios das populações de um modo geral, dada sua seletividade. Eu entendo que não seja um tema fácil de resolver se tivermos em mente que a maior parte dos países pertence a outros grupos regionais com acordos específicos de circulação de pessoas e bens. A solução mais realista para este assunto é por via de acordos bilaterais.

CRISE DA GUINÉ-BISSAU

Após a minha chegada a Lisboa, vindo de Brasília, tive de deslocar-me imediatamente a Nova York, a fim de participar nas sessões da Assembleia Geral das Nações Unidas, onde a CPLP goza do estatuto de Observador. Acompanhou-me nesta deslocação o Secretário Executivo cessante, que me prestou um apoio inestimável a minha primeira deslocação e integração nesta minha nova qualidade, sobretudo porque estaria na agenda informal dos Ministros dos Negócios Estrangeiros e de Cooperação, que normalmente acontece à margem dos debates daquela Organização, a questão do *Golpe de Estado na Guiné-Bissau*, em 2012. Creio eu, se não estiver errado, que já era a segunda vez que o Conselho de Ministros iria reunir-se extraordinariamente para tratar de uma questão candente que preocupava a nossa organização. Eu me apercebi de que não havia um pensamento comum sobre as causas e os mentores deste golpe.

Os Ministros instruíram-me, acompanhado do Representante Permanente junto à CPLP, para que nos reuníssemos com o Presidente da CEDEAO para definirmos uma plataforma de cooperação com vista a ultrapassar-se esta crise na Guiné-Bissau, através de uma estreita colaboração entre as suas organizações. Nesse encontro foi acordado que se devia criar um grupo de contacto mais abrangente que envolvesse outras organizações empenhadas na solução da crise, junto do qual se associariam a União Africana, as Nações Unidas e um pouco mais tarde a Organização Internacional da Francofonia. Foi assim que nasceu o Grupo dos *Cinco* sobre a Guiné-Bissau.

Regressados a Lisboa, apercebi-me logo nas primeiras reuniões com o Comitê de Concertação Permanente que residia neste órgão o grande calcanhar de Aquiles, o nó de estrangulamento para a evolução e o desenvolvimento da Comunidade. Comecei por questionar o uso abusivo da regra do *consenso*. Era necessário encontrar um *modus vivendi* e *operandi* para fazer avançar algumas ideias, mesmo que seja um Consenso Esbatido, ou seja, um membro pode não estar de acordo, mas não obstruiria a vontade da maioria para que se possa trabalhar. Foi liminarmente rejeitada esta hipótese.

Abordei com frontalidade que era necessário que a CPLP se posicionasse em relação à crise na Guiné-Bissau, autorizando minha deslocação aquele país irmão, tendo sido obstruída essa ideia com o pretexto de que a minha deslocação seria um sinal de reconhecimento do *status quo*, ou seja, do Golpe por parte da CPLP, não obstante os meus argumentos de se tratar de um funcionário executivo da Organização e não de uma entidade política com capacidade de decisão. Não tive alternativa senão a de telefonar ao Presidente ao exercício da organização, neste caso, o da República de Moçambique que, após escutar os meus argumentos e os fundamentos da minha proposta de viagem a Guiné-Bissau, autorizou-me, para desagrado de um ou dois Representantes Permanentes dos Estados-Membros. Permaneci na Guiné-Bissau cerca de dez dias, onde realizei encontros sucessivos com todas as forças políticas, sociedade civil, dirigentes militares, embaixadores dos Estados-Membros, o que me permitiu produzir um relatório exaustivo sobre a situação caótica e complexa prevalecente. Esta minha missão foi aplaudida por todos os intervenientes pela sua pertinência. Não é permanecendo como um espetador a partir de Lisboa que a organização vai fazer-se sentir junto das populações para quem é supostamente deve servir. Cessei as minhas funções já se antevendo uma solução no fundo do túnel.

A ADESÃO DA GUINÉ EQUATORIAL

Este tema era já assunto recorrente na agenda das Cimeiras da Organização, desde sua criação, em 1996, e foi transitando de uma para outra sem uma solução definitiva.

Não obstante ter sido colônia espanhola nos últimos 200 anos antes da sua independência, a Guiné Equatorial foi também colônia portuguesa durante cerca de 300 anos. Foi objecto de troca entre as coroas espanhola e portuguesa de territórios na América do Sul que hoje fazem parte do Uruguai e que nesse período passaram para o domínio de Portugal. Por sua vez, Portugal trespassou para a coroa Espanhola os territórios das ilhas de Ano Bom e Fernando Pó. A parte continental esteve sob o domínio espanhol.

Desde a criação da CPLP que este país vinha solicitando a sua adesão plena no seio da Comunidade, tendo enfrentado o veto sucessivo de um dos países-membros, até que finalmente, na Cimeira de Luanda, foi definido um roteiro de adesão que a Guiné Equatorial foi cumprindo até a minha chegada a Lisboa e ter retomado este processo.

Após a minha eleição na Cimeira de Maputo, a presidência *pro tempore* instruiu-me para retomar o processo de adesão, tendo-me deslocado por diversas vezes a Malabo, para junto das autoridades competentes obter a reafirmação da vontade política do país de aderir à CPLP, tendo o próprio Presidente da República Teodoro, com muita firmeza, manifestado a vontade do povo e do governo da Guiné Equatorial de se tornar membro de pleno direito. Missões multissetoriais deslocaram-se a Malabo para o cumprimento do roteiro de adesão. Foi convocado um Conselho de Ministros Extraordinário em Maputo, em 2014, que, após longas discussões e embora com reservas de um dos Estados-Membros, alcançou-se um *consenso* da maioria do grupo, recomendou-se aos Chefes de Estado e de Governo a ter lugar em Díli, a adesão plena da Guiné Equatorial. Foi também recomendado e aprovado, na cimeira de Díli, um plano de integração ainda em curso, que consiste na abolição da pena de morte, substituindo a moratória decretada em vigor, a introdução da língua portuguesa no sistema do ensino, apropriação do acervo da CPLP e a preservação do patrimônio cultural.

Eu continuo apelando aos Estados-Membros que não podemos esperar que este país substitua de um dia para o outro a língua espanhola pela portuguesa. É um processo que exige tempo e paciência. Noutros Estados-Membros da nossa Comunidade, as respetivas populações ainda estão muito longe de dominar e atingir o nível desejado da língua portuguesa. As línguas maternas ainda são as respetivas línguas nacionais e faladas no seio das famílias dos países africanos. Não é pacífica a conclusão de que somos 280 milhões de falantes da língua portuguesa, pois subsiste ainda nesses países uma grande população analfabeta. É preciso certa cautela quando se apresenta uma conclusão dessas. Países existem ainda onde se verifica um visível retrocesso no uso da língua portuguesa, pois há muitas línguas dominantes, como o inglês, o francês e até o mandarim, que estão se expandindo nos nossos países, porque são idiomas do desenvolvimento e evolução das sociedades, dominadoras da ciência e da tecnologia mundiais.

NOVA VISÃO ESTRATÉGICA DA CPLP

Estando eu em Adis Abeba a fim de participar numa das cimeiras da União Africana, tive uma longa conversa com o Ministro Oldemiro Baloi na qual abordamos a evolução e as mudanças que estavam ocorrendo no mundo, os efeitos e impactos da globalização econômica nos nossos países e no mundo em geral, onde aproveitamos o momento para troca de pontos de vista sobre a situação da Comunidade dos Países da Língua Portuguesa e a sua inserção neste quadro global em acelerada mudança.

Transmiti ao Ministro o meu sentimento de frustração perante a estagnação e a resistência às mudanças que me propus introduzir, pois reinava o sentimento generalizado de que a CPLP seria aquilo que os Estados-Membros quisessem que fosse, esquecendo que os governos passam e os povos permanecem e a Comunidade existirá, independentemente dos governos do dia, e ela deve servir os seus interesses legítimos dos respetivos povos. Nas minhas despedidas em Brasil, um destacado membro do Governo me havia alertado, ou melhor advertido, que eu não deveria dar passos maiores que as minhas próprias pernas. Entendi a mensagem, que foi clara e sem equívocos.

A CPLP não deveria permanecer indiferente aos fenômenos das mudanças que estavam ocorrendo no mundo. Era tempo de se ajustar e participar ativamente, em cooperação com outras organizações na definição de estratégias para um mundo melhor em que o Homem seja o centro de gravitação dessas políticas. A Comunidade iria muito em breve, ou seja, em 2016, celebrar o vigésimo aniversário da sua existência, apresentando como balanço as ações de promoção e difusão da língua portuguesa, as conquistas na cooperação político-diplomática e alguns programas de cooperação técnica sem um impacto significativo nas nossas populações. Alguns poucos países serviam-se da CPLP e dos países africanos da língua portuguesa para mobilização no continente africano de apoio a suas candidaturas para o preenchimento de vagas nos organismos internacionais.

Apresentei-lhe a minha proposta e a minha intenção de abrir, no seio do Comitê de Concertação Permanente, um debate de reflexão sobre uma CPLP do futuro e a definição de uma Nova Visão Estratégica que, tendo como substrato a língua portuguesa, avançasse para outras vertentes, transformando a nossa Organização numa plataforma de cooperação, em que os diferentes países utilizassem em conjunto um imenso repositório de recursos naturais e humanos e caminhassem num mesmo ritmo, reduzindo as gritantes desigualdades existentes entre os diferentes países. Era necessário despertar as nossas consciências para essa gritante discrepância e desigualdade do nosso desenvolvimento. A herança colonial em matéria de desenvolvimento humano nos países africanos e mesmo no Brasil não tinha sentido em pleno século XXI. Portugal foi abençoado pela sua entrada para a União Europeia, donde beneficiou de uma injeção de recursos financeiros que alterou substancialmente o panorama do subdesenvolvimento em que este país se via mergulhado, criando-nos uma esperança de ver este país robusto e com capacidade de exercer uma grande influência junto da Comunidade Econômica Europeia de então para projectos e programas de cooperação significativos nos países africanos da CPLP.

Realizamos retiros com muitas reservas de alguns, onde abordamos com frontalidade a situação real de estagnação ou paralisia da CPLP. Todos os Representantes tomaram consciência da importância daquele exercício. Foram preparados vários anteprojectos das linhas de orientação que deviam servir de estrutura e base do documento que se pretendia. A Cimeira de Díli, com o apoio indefectível do Primeiro-Ministro Xanana Gusmão, endossou a minha proposta de se refletir sobre o futuro da CPLP com vista à adoção de uma Nova Visão Estratégica, tendo decidido a criação de um grupo de trabalho que preparou o Documento Final da *Nova Visão Estratégica* que foi finalmente aprovada em 2016, na Cimeira de Brasília.

COOPERAÇÃO ECONÔMICA E EMPRESARIAL

A Nova Visão Estratégica consagrou nos seus novos objetivos a cooperação econômica e empresarial, uma vertente que elevaria a nossa organização a novos patamares. De imediato assistimos ainda no período do meu mandato a uma avalanche de países a membros observadores da CPLP. Podemos nos interrogar a causa por detrás deste movimento. Para os conservadores, aqueles que defendem uma Comunidade de Países e não dos povos, defensores da promoção e divulgação da língua portuguesa, acreditavam, ingenuamente, que era a *língua* o que os atraía, ou seja, a língua e a cultura lusófona.

Os países candidatos a observadores, que ultrapassam em quantidade o dos Estados-Membros, tinham uma visão de longo alcance do imenso reservatório de recursos naturais nos países africanos e no Brasil ainda inexplorados.

A presidência em exercício de Timor-Leste vislumbrou com clareza a importância para a nossa organização da vertente econômica e empresarial, orientando a ação da Presidência timorense da CPLP no sentido da criação de pontes de cooperação empresarial entre Ásia, África, Europa e América do Sul, ou seja, o Mercosul, União Europeia, CEDEAO, CPLP e futuramente ASEAN, da qual Timor-Leste era candidato a membro.

A realização do primeiro Fórum Empresarial da CPLP em Díli, a construção do edifício de uma futura delegação da CPLP naquela região, era uma resposta a essas aspirações de transformar a nossa organização mais proativa neste mundo em constante mutação.

A Confederação Empresarial – CPLP foi o instrumento que privilegiei para imprimir um dinamismo a esta nova vertente, formulando estratégias de atuação, tais como propondo a criação de um Banco de Desenvolvimento da CPLP, a União dos Bancos e Seguradoras, que infelizmente a presidência que se seguiu após a presidência de Timor-Leste encarregou-se de depositar no baú dos esquecimentos.

Estou encorajado que a atual presidência de Angola está retomando esses temas, que estou ainda convencido vão projetar a nossa Comunidade para níveis elevados neste mundo globalizado.

MATÉRIAS RESIDUAIS

Constituiu matéria da minha preocupação permanente durante o meu mandato a exiguidade de recursos financeiros à disposição do Secretariado Executivo para o seu funcionamento e para investimentos nos projectos de cooperação técnica nos países mais desfavorecidos.

Ainda consegui que iniciássemos alguns projectos de apoio no domínio da agricultura, no âmbito do tema da Segurança Alimentar e Nutricional, proposto para a presidência moçambicana e que resultou na criação de um Conselho Ministerial para esse tema. Ainda no âmbito deste projecto realizamos algumas corridas contra a Fome e a desnutrição nos países-membros que serviram de consciencialização e mobilização dos cidadãos para este tema.

No nível interno no Secretariado Executivo, os salários dos próprios funcionários não eram revistos desde a criação da organização. Tinha pela frente conseguir uma Revisão Orçamental e a das condições de trabalho dos funcionários e das instalações.

Foram duas frentes de batalha que tive de enfrentar e que culminaram num relativo sucesso, ao conseguir, em primeiro lugar, a revisão orçamental em Maputo, que, embora não fosse um incremento significativo, aliviava minimamente o sufoco em que se vivia. O orçamento veio a ser aliviado com a entrada da Guiné Equatorial com o pagamento da sua contribuição.

Em seguida, iniciei aturadas discussões com os Estados-Membros para uma revisão salarial que já não ocorria desde há longos anos, tendo alcançado um ajustamento, em duas fases, de 15% para todos os funcionários.

Ampliei no edifício principal o espaço do funcionamento, com a entrega de mais um piso, onde realizei profundas obras, adaptando-o para acolher as reuniões dos órgãos estatutários, mais um salão nobre para reuniões restritas e eventos sociais e também para a instalação de outros serviços.

RELAÇÕES ENTRE MOÇAMBIQUE E A CPLP

Quando a Comunidade dos Países da Língua Portuguesa foi criada e apesar de ter participado ativamente nesse processo, Moçambique acabava de realizar as primeiras eleições multipartidárias que introduziram a democracia no país, com a participação de novos atores políticos até então desconhecidos no panorama político nacional. As preocupações e prioridades do novo governo oriundo das eleições eram a consolidação do estado de direito democrático, da paz e Concórdia nacionais. Foram 16 anos de guerra de desestabilização em que destruíram infraestruturas e vidas humanas consideráveis.

À medida que este processo foi se consolidando, o país não deixou de considerar e participar ativamente em todas os organismos internacionais de que era membro, dentre os quais a CPLP.

A última Presidência rotativa, de 2012-2014, foi assumida como uma questão nacional envolvendo todas as forças vivas da nação moçambicana no espírito da CPLP. Introduziu como tema da sua Presidência a *segurança alimentar e nutricional*, assumindo como uma questão vital para reduzir a fome e a miséria nos nossos países. Foi com o apoio de Moçambique que levei a cabo, creio com sucesso, as minhas funções ao provocar uma reflexão sobre o futuro da CPLP com a adoção da Nova Visão Estratégica para 2016-2026.

O Instituto Internacional da Língua Portuguesa foi também dirigido por uma moçambicana, a Dra. Marisa Mendonça, que imprimiu uma nova dinâmica na vida desta instituição, em cooperação com outro moçambicano, Prof. Raul Calane da Silva, na Presidência do Conselho Científico.

Não foram insignificantes a dinâmica e a contribuição de Moçambique para o crescimento da nossa organização, não obstante as exigências da agenda interna.

A MINHA VISÃO DE FUTURO

Escrever, dissertar sobre a Comunidade dos Países da Língua Portuguesa, a última organização criada com base na língua e assente nos valores históricos e culturais, é na verdade um exercício bastante complexo, dados os seus contornos e sensibilidades. Trata-se de uma organização com características próprias. Para uns, era um misto de sentimentos e um resgate de emoções e afetos de um passado não muito distante. Para outros, em contrapartida, era um misto de desconfianças e reticências de um neocolonialismo disfarçado.

A CPLP ainda carece de uma agenda comum, de um encontro de vontades políticas por um horizonte que sirva ao interesse de todos. É uma organização cujo pulmão pulsa, nos contempla, pois o seu crescimento é uma realidade incontornável e irreversível.

Muitos desafios ainda estão pela frente. A adoção da Nova Visão Estratégica não foi acompanhada por reformas institucionais necessárias, uma das quais os poderes do Secretário Executivo, que não possui margem de manobra e poder de iniciativas claras nos atuais estatutos, para conferir ao Secretariado uma velocidade necessária para a execução das decisões dos órgãos superiores.

As Cimeiras dos Chefes de Estado e de Governo devem ser fóruns privilegiados para o debate político sobre o rumo e a direção que a organização deve seguir e não apenas para chancelar recomendações emanadas dos órgãos inferiores. Importa sair desta letargia de afetos e fazer da CPLP uma organização transformadora das vidas das suas populações e cada vez mais próximas delas, uma verdadeira Comunidade dos Povos.

PORTUGAL E A CPLP

– Comunidade dos Países de Língua Portuguesa: o presente e os desafios futuros

Francisco Ribeiro Telles

Quando, há cerca de dois anos e meio, a 1 de janeiro de 2019, iniciei funções como Secretário Executivo da CPLP, não podia, naturalmente, prever a crise sanitária provocada pela covid-19, que marcou mais de metade de meu mandato, obrigando à sua extensão, nem o profundo e desastroso impacto que a pandemia teve nas nossas vidas e nas atividades das nossas instituições.

Mas os valores e os objetivos da CPLP, enquanto "plataforma de diálogo, de concertação política e de cooperação solidária e horizontal", acabaria por nos guiar a todos na travessia daquele que é, porventura, o período mais exigente da nossa história comum. Um caminho conjunto que leva mais de 25 anos de existência. Foi especialmente gratificante testemunhar inúmeras demonstrações de solidariedade e comunhão de esforços no seio da nossa Comunidade. Dou alguns exemplos:

- O apoio de emergência e humanitário a Moçambique após a passagem dos ciclones "Idai" e "Kenneth", em março de 2019, quando a CPLP criou, pela primeira vez, uma rubrica específica no Fundo Especial para a qual foram canalizados mais de 1 milhão de euros de doações de Estados-Membros, Observadores Associados e Consultivos e da sociedade civil.
- O reforço da cooperação da CPLP em situações de emergência em diversos setores, da saúde à proteção civil, passando pela dinamização de componentes de defesa e pela perspetiva de atuação conjunta em cenários de operações de paz e de assistência humanitária; e, naturalmente,
- A partilha de lições e experiências, a doação de equipamentos e a concessão de apoio sanitário no contexto da pandemia da covid-19.

Juntos, regozijámo-nos com a instituição do Dia Mundial da Língua Portuguesa, pela UNESCO (Organização das Nações Unidas para a Educação, a Ciência e a Cultura), decisão que constitui um importante reconhecimento da relevância e da projeção internacional da nossa língua comum, que foi e continuará a ser a matriz identitária da CPLP. Língua pluricêntrica de 263 milhões de falantes; quarta língua no mundo; primeira mais falada no Hemisfério Sul e quinta língua mais utilizada na internet; e uma perspetiva de crescimento para 500 milhões de falantes no final deste século.

Deixaria uma breve reflexão sobre os estimulantes desafios que temos pela frente:

- A operacionalização do Acordo sobre a Mobilidade entre os Estados-Membros da CPLP, aprovado na Cimeira de Luanda, que irá contribuir decisivamente para o reforço do sentimento de pertença dos cidadãos à nossa Comunidade. É preciso que saibamos corresponder às expetativas que este acordo já criou e sejamos céleres e decisivos na sua ratificação e implementação. Acima de tudo, terá reflexos fundamentais na aproximação dos cidadãos à CPLP, na sua apropriação pelas pessoas. Trata-se, assim, de uma contribuição essencial para a concretização do objetivo da cidadania da CPLP.
- O reforço da cooperação económica e empresarial, que em boa hora Angola coloca como tema central do seu mandato. O lema "Construir e Fortalecer um Futuro Comum e Sustentável" abre caminho à criação do tão aguardado espaço de negócios e de investimentos mútuos na CPLP. Espero que daqui a dois anos, à margem da próxima Conferência de Chefes de Estado e de Governo da organização, tenhamos reunidas as condições para a realização de um grande fórum de cooperação económica da CPLP. Uma estratégia multilateral de promoção de comércio e investimento, facilitada por uma língua

comum, constitui um instrumento fundamental para incutir maior consistência num tecido económico que conecte os diferentes Estados-Membros e contribuirá decisivamente para a criação de postos de trabalho sustentáveis para a nossa juventude.

- A definição de um novo paradigma no relacionamento com os Observadores Associados da CPLP, cujo número tem vindo a aumentar significativamente desde 2014. Altura em que a organização tinha apenas três Observadores Associados, sendo que, após a Cimeira de Luanda passou a contar com mais de 30. Este aumento substancial espelha um interesse crescente pela nossa Comunidade, mas também nos convoca a determinar mais claramente o que desejamos destes parceiros e como podemos maximizar os seus resultados em prol da CPLP; e, por último,
- O incremento da visibilidade internacional da CPLP e a consolidação das suas relações com outras organizações internacionais e regionais. Nos próximos anos, abrir-se-á uma oportunidade ímpar para tornar a voz da CPLP ainda mais assertiva no contexto internacional, com a perspetiva da presença no Conselho de Segurança das Nações Unidas, como membros não permanentes, de uma sucessão de Estados-Membros da CPLP – Brasil, eleito para o biénio 2022-2023; Moçambique, candidato ao biénio

2023-2024; e Portugal, candidato a 2027-2028. É igualmente estratégico consolidar a relação da CPLP com outras organizações internacionais, em particular com o sistema das Nações Unidas, a Organização dos Estados de África, Caraíbas e Pacífico, a União Europeia, a União Africana e as organizações do espaço ibero-americano.

Para Portugal, a CPLP é uma organização única, plural e insubstituível. Por várias e múltiplas razões. A primeira das quais advém da sua própria formação. Que tenha sido possível constituir, 20 anos após a descolonização, uma estrutura política reunindo antigos colonizadores e antigos colonizados, é já, em si mesmo, um feito assinalável. A natureza horizontal e igualitária da organização e o diálogo permanente que implica, na constante busca de consensos que permitam o seu progresso nas três áreas de atuação que identifica nos seus Estatutos (concertação político-diplomática, promoção da língua portuguesa e cooperação em todos os domínios), resultam num contato diário entre órgãos de soberania, instituições e indivíduos dos nossos nove Estados-Membros, o que leva a um conhecimento mútuo profundo e atualizado.

Depois, Portugal é o único país que pertence à União Europeia, ao espaço ibero-americano e à CPLP, e o facto de esta organização agregar países muito diversos e Estados com múltiplas e diferentes inserções regionais dá maior força a cada um deles, mas também à Comunidade no seu todo.

A ação da CPLP em benefício de candidaturas dos seus países, e dos respetivos nacionais, a estruturas e cargos de projeção e visibilidade globais, tem sido reconhecida pelos próprios. Por outro lado, o profundo conhecimento que todos temos das histórias e das conjunturas políticas, económicas e culturais dos restantes países da CPLP permite-nos, por vezes, agir no âmbito da diplomacia preventiva, alertando para riscos, facilitando contactos, trocando experiências e fomentando a cooperação.

Finalmente, será importante referir que a constituição de uma comunidade política em torno da língua portuguesa, que é o solo mais firme desta nossa organização, não faz com que Portugal seja, a nenhum título, o tutor da CPLP. A Comunidade, tal como o idioma, expande-se e recria-se à medida dos tempos, das escolhas e das ambições, presentes e futuras, dos Estados e dos povos que a corporizam.

SÃO TOMÉ E PRÍNCIPE NA CPLP

Maria do Carmo Trovoada Silveira

O livro "Nos 25 anos da CPLP: estudos em homenagem a José Aparecido de Oliveira e Ricardo Arnaldo Malheiros Fiuza" é a expressão do extraordinário legado dos primeiros 25 anos da existência da CPLP e ao mesmo tempo projeta as aspirações e expetativas que temos quanto ao futuro. Trata-se de uma obra de inestimável relevância, não apenas pelo facto de constituir um belo legado para a nossa memória coletiva, mas também pelo simbolismo da sua publicação no momento em que a CPLP comemora o 25º aniversário da sua institucionalização. Com efeito, a CPLP superou de forma satisfatória os desafios da puberdade e entra definitivamente na fase adulta, em que o desafio fundamental é o de transformar as dificuldades e ambições em projetos concretos.

Num contexto em que as pesquisas sobre a CPLP vão marcando passos, apesar do seu notório crescimento e visibilidade, a presente obra é, também, um extraordinário contributo ao conhecimento desta organização e vem reforçar a ainda escassa literatura sobre ela. Sinto-me muito honrada pelo convite que me foi endereçado pela Academia Mineira de Letras para participar neste projeto literário. Tal como solicitado, este artigo visa partilhar com os leitores a minha visão sobre a relação entre a CPLP e São Tomé e Príncipe, o meu país natal. A minha presença à testa do Secretariado Executivo desta organização permitiu-me consolidar uma perspetiva singular sobre os desafios e oportunidades que se lhe apresentam, enquanto comunidade de povos e, ao mesmo tempo, um olhar próprio sobre a participação de São Tomé e Príncipe neste projeto coletivo.

São Tomé e Príncipe, em termos geográficos e demográficos, é o mais pequeno de entre os países de língua oficial portuguesa. Trata-se de um pequeno-grande Estado insular do Golfo da Guiné, no coração de África, com uma população de cerca de 200 mil habitantes e cuja história e cultura se cruzam com as dos demais, oriundos de diversos continentes. Angolanos, brasileiros, cabo-verdianos, guineenses, indianos, macaenses, moçambicanos e portugueses para lá levados pelas vicissitudes da história formam hoje o mosaico identitário e cultural do povo destas ilhas maravilhosas.

As plantações e os engenhos de cana-de-açúcar do século XV e as roças de cacau e de café do seculo XVIII foram os cenários onde este encontro de culturas teve originalmente lugar. As "roças" de São Tomé e Príncipe, antigas propriedades de latifundiários portugueses e geridas sob o modelo das fazendas brasileiras, retratam ainda hoje a memória desse longínquo passado de vivência comum que o desencanto do presente tarda a apagar.

De tudo isto, entretanto, ficaram as tradições, os costumes e os laços de irmandade que mantêm acesos os vínculos históricos que resultam deste passado comum e, muito especialmente, a língua de Camões em que São Tomé e Príncipe se identifica no mundo. E, por não ser neutra, a língua tem o potencial de unir, não apenas pessoas, culturas e tradições, mas também aspirações. Além disso, a língua portuguesa pode, ainda, transformar-se num veículo de conhecimento, mobilidade, ciência e tecnologia se formos capazes de, coletivamente, ultrapassar as dificuldades que se nos colocam. E tudo isto sem nos esquecermos que a língua marca o seu compasso no campo dos instrumentos de *soft power* no vasto contexto da mundialização.

São Tomé e Príncipe figura entre os pais fundadores da CPLP em 1996 e, desde então, tem-se engajado, no limite dos condicionalismos que lhe são próprios, nas atividades desta organização. Aliás, a filiação à CPLP enquadra-se na perspetiva de São Tomé e Príncipe, que, desde cedo, entendeu a importância e a necessidade de participar em fóruns intergovernamentais de coordenação e concertação multilateral mais restritos para a defesa de interesses comuns. Porém, ouso afirmar que o espírito da CPLP já habitava nos são-tomenses mesmo antes da criação desta organização, sendo uma clara manifestação disto o facto de São Tomé e Príncipe ter decidido atribuir nacionalidade são-tomense a todos os cidadãos dos Países Africanos de Língua Oficial Portuguesa (PALOP) que à data da independência nacional se encontravam a residir no seu território.

O engajamento político de São Tomé e Príncipe na CPLP é mais do que evidente. Desde logo, tal engajamento manifesta-se pela presença assídua de altos dignitários nas cimeiras e reuniões magnas da organização e no acolhimento em São Tomé dos seus encontros políticos, técnicos e culturais, a diversos escalões. Além disso, São Tomé e Príncipe não só se situa na linha da frente dos que advogam a oportunidade da livre circulação no interior dos Estados-Membros da CPLP como também tem contribuído ativamente na demonstração da sua viabilidade. Há dez anos, São Tomé e Príncipe decidiu, por iniciativa própria e de forma unilateral, isentar os cidadãos da CPLP de formalidades de entrada no seu território, não obstante os riscos que tal medida pode acarretar e que, nas circunstâncias particulares de um país insular, são consideravelmente maiores. A bem-sucedida experiência de São Tomé e Príncipe prova a realizabilidade do sonho da livre circulação no perímetro geográfico da Comunidade dos Países da Língua Portuguesa, no seu todo. Se no contexto de um pequeno-grande país a livre circulação é factível, também poderá sê-lo na CPLP. A livre circulação permitiria intensificar a cooperação para o reforço dos sistemas nacionais de gestão de fronteiras, de registos e notariado, da administração interna, e não só.

A preservação dos laços históricos, culturais e de irmandade forjados pela história e língua comuns, se reforçados por uma sólida e eficiente rede de solidariedade ativa, constitui, sem dúvidas, fundamento bastante para se edificar uma organização visando um futuro comum de bem-estar social, de desenvolvimento e de progresso. Um futuro de promoção do desenvolvimento socioeconómico e de cooperação mutuamente vantajosa, assente em valores de defesa da democracia, do Estado de Direito e dos direitos humanos, da paz, justiça e do respeito mútuo.

O património cultural dos países de língua oficial portuguesa, tanto no que tem de comum quanto na sua diversidade, tem o potencial decisivo para o aprofundamento das relações entre os nossos Povos e a afirmação da CPLP no mundo. A criação da CPLP materializa, deste modo, o ideário de São Tomé e Príncipe de preservar a memória coletiva e valorizar o passado comum, mas também olhando para o futuro que tem que ser de desenvolvimento coletivo.

Passados 25 anos desta relação, não há dúvidas que o balanço é de realizações positivas. São Tomé e Príncipe é membro ativo nos fóruns de concertação político-diplomática da CPLP. Nesses fóruns, São Tomé e Príncipe encontra um espaço para o reforço das relações bilaterais com os demais Estados-Membros da organização, mas também de diálogo e de concertação sobre grandes questões da agenda política internacional e a possibilidade de levar a sua voz às instâncias internacionais, onde, de forma isolada, não conseguiria.

A CPLP é também para São Tomé e Príncipe um espaço de cooperação, de solidariedade, de partilha de boas práticas que permite enriquecer com as experiências de uns e os conhecimentos de outros sobre questões sociais, económicas e institucionais. Ouso afirmar que as assimetrias económicas entre os Estados-Membros, que poderiam constituir um fator de separação, têm, pelo contrário, permitido o reforço das relações de cooperação entre eles, em diversas áreas que vão da educação e saúde à cidadania, defesa e segurança, novas tecnologias, energia, entre outras, o que tem contribuído para a melhoria da capacidade institucional do país.

Com a adoção pelas Nações Unidas da Agenda 2030 e os seus Objetivos de Desenvolvimento Sustentável, os Estados-Membros da CPLP desenvolveram esforços concertados no sentido de incorporar tais objetivos nas estratégias e programas de cooperação no seio da organização, de modo a fazê-los convergir com a agenda global de cooperação. Além disso, os intercâmbios desportivos, culturais e artísticos, promovidos ao nível da CPLP, oferecem aos jovens, artistas e empreendedores são-tomenses um outro olhar sobre o mundo e oportunidades para o estabelecimento de relações de cooperação.

É importante mencionar que o envolvimento de São Tomé e Príncipe na CPLP tem-se materializado, também, no nível da participação de cidadãos seus nos órgãos de gestão da organização. Foi assim que, ainda nos primórdios da sua institucionalização, o são-tomense Joaquim Rafael Branco exerceu as funções de Secretário Executivo Adjunto da CPLP. Atualmente, outro cidadão são-tomense, Armindo Fernandes, é Diretor-Geral desta Organização.

Porém, a nomeação, em 2016, de uma Secretaria Executiva oriunda de São Tomé e Príncipe terá sido um dos marcos mais relevantes na relação entre este país e a CPLP. Estou convencida de que este acontecimento terá contribuído, em muito, para reforçar as relações entre São Tomé e Príncipe e a CPLP, além de permitir uma maior familiarização dos são-tomenses com a organização e maior visibilidade da CPLP nesse Estado-Membro.

Tendo esta indicação recaído sobre a minha pessoa, foi para mim uma grande honra ter tido o privilégio de representar o meu país nesta prestigiada organização. Não posso, no entanto, deixar de mencionar quão desafiadora foi tal nomeação pelas seguintes particularidades: o de ser oriunda do mais pequeno Estado-Membro, com recursos financeiros muito limitados, aos quais se adita, ainda, o facto de ser mulher. Agradeço a Deus pela sabedoria de transformar esses desafios em projetos de *performance*. E, no final, ao ter sido agraciada com as medalhas "Grã-Cruz da Ordem Nacional do Cruzeiro do Sul" do Brasil e de "Reconhecimento e Mérito" de Portugal, fica o sentimento de gratidão porque todo o sucesso é fruto do trabalho em equipa. Fica, também, o desejo de ver a CPLP cada vez mais forte.

Tive a honra de dirigir o Secretariado Executivo da CPLP num momento em que a organização se encontrava naquilo que considero "uma boa fase" do seu percurso existencial. A X Cimeira de Chefes de Estado e de Governos realizada em Brasília, em finais de outubro de 2016, adota uma Nova Visão Estratégica da CPLP para o decénio 2016-2026. A referida Visão Estratégica resulta de uma profunda avaliação do funcionamento desta organização ao longo das duas primeiras décadas de sua existência e do contexto externo que a envolve e a orienta a explorar novas pistas, valorizando a participação e as potencialidades de cada Estado-Membro na promoção da paz, da estabilidade e segurança internacional e no processo de desenvolvimento económico e social.

Na referida cimeira, Brasil assume a presidência rotativa da CPLP e coloca ao serviço desta organização o seu potencial técnico e experiência diplomática. Congratulo-me pelo trabalho de equipa e excelente relação de trabalho que se desenvolveu, na altura, entre o Secretariado Executivo da CPLP e a Representação Permanente do Brasil junto à CPLP, chefiada pelo Embaixador Gonçalo Mourão, um exímio diplomata. A CPLP granjeava simpatia nos quatro cantos do mundo. Sucediam-se manifestações de interesse por parte de países terceiros e organizações internacionais em adquirir o estatuto de Observador Associado da CPLP e multiplicavam-se convites dirigidos à Secretária Executiva da CPLP para participar em fóruns internacionais, conferências e palestras, sendo alguns exemplos a palestra sobre o potencial da língua portuguesa na Kennesaw State University, de Atlanta (EUA), e na Universidade de Kyoto, no Japão, em 2017, a conferência anual da OCDE em Paris, a palestra na prestigiada Chattan House, em Londres, e o acolhimento em Lisboa do Encontro de jovens de três espaços linguísticos, nomeadamente da CPLP, a Organização Internacional da Francofonia (OIF) e a Secretaria Geral Ibero-americana (SEGIB), alusiva ao 70º Aniversário da Declaração Universal dos Direitos Humanos, estes últimos em 2018, para citar apenas alguns.

Digno de destaque é também o facto de a Secretária Executiva da CPLP, em conjunto com as Secretárias-Gerais de três organizações congéneres, nomeadamente, a OIF, SEGIB e *Commonwealth* (todas, notória coincidência, dirigidas na altura por mulheres), ter lançado, em 2017, por ocasião da Conferência Internacional das Américas, realizada em Montreal, o "Apelo por um humanismo universal", cujo elemento central consiste no apelo à ação universal com vista a uma globalização que dê respostas às desigualdades, a garantia de educação e formação de qualidade e um desenvolvimento económico atento à preservação do meio ambiente.

Outro aspeto marcante do meu mandato à frente do Secretariado Executivo da CPLP foi o facto de ter coincidido com a eleição de um cidadão lusófono, o Eng. António Guterres, ao cargo de Secretário-Geral da ONU, um acontecimento que, certamente, contribuiu para dar maior visibilidade à nossa organização. Não posso deixar de exprimir a minha grande satisfação ao ter participado nas celebrações do Dia da Língua e Cultura da CPLP, a 5 de maio de 2018, nos jardins das Nações Unidas, em Nova York, na companhia do Secretário-Geral das Nações Unidas, Engenheiro António Guterres. Outros acontecimentos também importantes marcaram esse período, como é o caso da inauguração da primeira capital da Cultura da CPLP em São Salvador da Baía (República Federativa do Brasil), o apoio à eleição do Mbanza Congo (República de Angola) ao estatuto de património universal da cultura, o estreitamento da cooperação com demais organizações congéneres, tais como a OIF, a SEGIB e a *Commonwealth*.

A minha vivência e experiência na direção do Secretariado Executivo da CPLP levam-me a considerar que o potencial de afirmação desta organização no mundo é enorme e a dispersão geográfica que poderia constituir um fator limitativo agrega-lhe, pelo contrário, uma importância geoestratégica. No entanto, apercebi-me, também, de que a criação da CPLP gerou nos cidadãos dos Estados-Membros, em particular nos africanos, expetativas muito além do que a organização está em condições de oferecer. Por exemplo, no prolongado conflito político na Guiné-Bissau, os cidadãos deste Estado-Membro aguardavam e apelavam a uma intervenção enérgica da CPLP quando esta não dispõe de instrumentos para o efeito. É também o caso da tão reclamada mobilidade no espaço da CPLP, que é encarada pelos cidadãos destes Estados como um fator essencial de promoção do sentimento de pertença a uma comunidade. Tudo isto deve interpelar a CPLP a olhar para dentro de si mesma e clarificar melhor o seu papel.

É, pois, com esse olhar para dentro da CPLP que considero que, apesar do balanço positivo, existem ainda grandes desafios a superar para que a participação de São Tomé e Príncipe na CPLP cumpra o desiderato dos cidadãos que aguardam o momento em que poderão partilhar, efetivamente, o sentimento de pertença a esta comunidade de povos. Estou convencida de que esta relação tem potencial para oferecer muito mais a ambas as partes, podendo ir muito mais além, em particular no domínio da cooperação estratégica. É fundamental ser mais ambicioso quer na visão, quer nos objetivos e nos instrumentos.

Frequentemente colocámo-nos a questão de saber o que a filiação a uma organização, seja regional ou internacional, tem a oferecer ao país e aos seus cidadãos. No caso da relação entre São Tomé e Príncipe e a CPLP julgo ser pertinente uma mudança da abordagem, e a questão a ser colocada deve ser, também, a de saber como tirar melhor proveito das oportunidades que esta relação oferece. Trata-se, na minha opinião, de uma abordagem que nos remete para a ideia de oportunidade, de cumplicidade e de reciprocidade. A ideia de oportunidade implica a necessidade de um "olhar à volta", identificar as oportunidades e adotar estratégias e políticas para o seu aproveitamento. A cumplicidade é um atributo de quem colabora e se envolve plenamente num projeto coletivo, criando sinergias e complementaridade. E a reciprocidade pressupõe, obviamente, o dar e receber.

É certo que as limitadas capacidades financeira e institucional de São Tomé e Príncipe têm condicionado, de certa forma, o seu cabal envolvimento na CPLP. Porém, não tenho dúvidas, o engajamento político de São Tomé e Príncipe para com a CPLP parece inabalável, a julgar pelos discursos políticos dos sucessivos governos. Porém, São Tomé e Príncipe deve organizar-se melhor para beneficiar das oportunidades que a sua participação na CPLP oferece e maximizar o potencial proporcionado pela sua presença nessa organização. Trata-se de um dilema no contexto de um pequeno Estado com limitados recursos financeiros e humanos. Contudo, o ponto de partida é, sem dúvidas, a existência de uma visão clara e partilhada e de estratégias que tenham em conta as especificidades e as prioridades do desenvolvimento do país.

Ao longo dos seus 25 anos de existência, a CPLP cresceu em todas as suas dimensões. Projetou-se como um fórum de concertação político-diplomática sobre questões de interesse estratégico e tem atraído o interesse de vários países e organizações, sendo prova disso o crescente número de observadores associados. Tudo isso, ligado ao carácter pluricontinental da CPLP e o potencial geopolítico que ela comporta, oferece à São Tomé e Príncipe uma oportunidade no plano internacional que pode abrir-lhe o caminho para o estabelecimento de vínculos com organizações e países de outras geografias. Um eficaz aproveitamento destas oportunidades é suscetível de impulsionar dinâmicas expressivas de promoção do desenvolvimento.

Tal como os demais países da CPLP, São Tomé e Príncipe enfrenta sérios desafios no seu processo de desenvolvimento: crescimento económico insuficiente, nível elevado de pobreza e de desemprego jovem, instabilidade social decorrente de uma maior reivindicação social, entre outros. A este quadro socioeconómico nacional associa-se um contexto internacional marcado por sucessivas crises económicas, financeiras e comerciais e, mais recentemente, sanitárias, que exacerbam cada vez mais a prevalência de interesses geopolíticos. Neste contexto, não seria utópico considerar-se que a língua comum, os valores de amizade e solidariedade que ela veicula e a economia devem ser afirmados e desenvolvidos visando a transformação dos vínculos históricos, linguísticos e afetivos numa alavanca para o desenvolvimento político, económico, social e cultural dos Estados-Membros.

Atenta a estes desafios, a Nova Visão Estratégica da CPLP oferece a esta a possibilidade de servir melhor aos interesses dos Estados-Membros e traduz a justa compreensão destes de que a cultura e a língua comum são importantes instrumentos de valorização identitária que devem ser preservados e transmitidos às gerações vindouras, constituindo, em simultâneo, os fundamentos para o progresso económico e social dos Estados-Membros. Portanto, a referida Visão Estratégica valoriza o legado do passado e projeta as aspirações e expetativas dos Estados-Membros quanto ao futuro. Por conseguinte, a Visão Estratégica abre novas perspetivas nas relações entre os Estados membros, com as quais São Tomé e Príncipe só teria a ganhar. Aliás, é o relacionamento entre os Estados-Membros da CPLP perspetivado pela sua Nova Visão Estratégica, que esteve, particularmente, no cerne das minhas preocupações na liderança do Secretariado Executivo da Organização.

Ao orientar a atuação da CPLP no sentido de uma maior aposta em áreas específicas como a mobilidade dos cidadãos e o reforço da cooperação, tanto económica e empresarial como no domínio dos mares e plataformas continentais, a referida Visão Estratégica oferece a São Tomé e Príncipe a possibilidade de agregar, mercê da sua localização geoestratégica no Golfo da Guiné, uma mais-valia à CPLP no seu todo e a cada um dos seus membros, individualmente, em termos de oportunidades várias, nessa importante região do continente africano, que, para além das suas enormes potencialidades em matéria de recursos naturais, de índole diversa, constitui uma das mais importantes vias de navegação marítima para o comercio internacional, tendo, sobretudo, em conta o recrudescimento de atos de pirataria na Costa da Somália.

Com uma Zona Económica Exclusiva (ZEE) de cerca de 160 km^2, terreno fértil para a agricultura, potencialidades turísticas incalculáveis, população maioritariamente jovem e localização na África central, uma das regiões mais ricas de África com um mercado de cerca de 300 milhões de consumidores, São Tomé e Príncipe pode, no âmbito de uma dinâmica de cooperação estratégica inserida num conceito de regionalização excecional, ter um importante papel na construção de uma comunidade onde a língua comum, os laços históricos e culturais e a economia se complementam.

A dispersão geográfica dos Estados-Membros da CPLP não é necessariamente um inconveniente. Antes pelo contrário, pode constituir uma vantagem se cada Estado posicionar-se como uma janela aberta sobre horizontes portadores de novas oportunidades que, criteriosamente utilizadas, poderão ser um catalisador apreciável de desenvolvimento.

A CPLP é uma obra em construção. Cabe à cada geração de homens e mulheres dar o seu contributo para a sua edificação. Para os próximos 25 anos fica a esperança numa CPLP onde a língua portuguesa, a cultura e a economia se cruzam na teia do desenvolvimento.

Bem-haja, CPLP!

AS RELAÇÕES ENTRE TIMOR-LESTE E A CPLP

Maria Ângela Carrascalão

ENQUADRAMENTO HISTÓRICO

Quando foi reconhecida internacionalmente a independência e soberania em 20 de Maio de 2002, Timor-Leste marcou a sua inclusão na comunidade internacional com a formalização do pedido de adesão à CPLP, a Comunidade dos Países de Língua Portuguesa, consciente da importância da língua portuguesa para a construção do Estado de Timor-Leste e do seu contributo fundamental para a criação e a consolidação da Nação timorense.

Em defesa do seu direito à autodeterminação, os timorenses foram destinatários de perseverante solidariedade dos Estados de língua portuguesa, situados em continentes tão diversos como a Europa, a América e a África, e compreenderam desde sempre a importância de uma Comunidade irmanada por afinidades históricas, linguísticas e culturais; no entanto, muito antes do reconhecimento internacional do Estado, através dos representantes da Resistência no exterior, Timor-Leste assinalou a vontade de integrar a CPLP no ato fundador de 17 de Julho de 1996.

Naturalmente assumido, tão pequeno é o nosso território[1] e tão poucos somos enquanto povo quando comparados com a vasta população dos grandes Estados que nos rodeiam, se não fosse a presença da língua portuguesa (a par da Religião Católica) herdada da nossa secular História comum, estaríamos hoje submersos na imensidão geográfica onde nos inserimos! Por outro lado, ao recordarmos que a língua utilizada pela Resistência durante a ocupação estrangeira foi o português, concluímos que a viabilização do Estado timorense beneficiou do uso de um idioma estranho ao ocupante, ultrapassou fronteiras e chegou ao Mundo!

É por isso que se impõe salientar a relevância da língua portuguesa em Timor-Leste e, consequentemente, da Comunidade dos Países de Língua Portuguesa. O nosso destino, a nossa existência enquanto

1 O território da República Democrática de Timor-Leste compreende a superfície terrestre, a zona marítima e o espaço aéreo delimitados pelas fronteiras nacionais, que historicamente integram a parte oriental da ilha de Timor, o enclave de Oé-Cusse Ambeno, a ilha de Ataúro e o ilhéu de Jaco, como determina o artigo 4º, nº 1, da Constituição da República Democrática de Timor-Leste, em vigor desde 20 de Maio de 2002.

Nação, deriva desse marco identificador, vetor linguístico-cultural identitário que nos distingue dos povos e dos Estados que partilham com Timor-Leste o mesmo espaço geográfico.

Portanto, desde o século XVI, quando os portugueses chegaram a Lifau e aí se estabeleceram, atravessando os difíceis tempos da ocupação em que era proibido falar português – tal era a convicção do ocupante estrangeiro da importância da língua como um dos alicerces da nossa nacionalidade! –, aos tempos posteriores ao reconhecimento da nossa independência, a língua portuguesa destacou a nossa diferença. E é por isso que, não obstante sermos um país pequeno, inserido numa zona geográfica da qual nos distinguimos pela História, pela cultura e pela língua, não nos consideramos frágeis nem estamos sós nesta zona do globo; estamos integrados na CPLP, tão vasta quanto singular Comunidade composta por países ligados pela língua e por séculos de História comum, ligados apesar de dispersos por vários continentes e pelos oceanos que os separam. O que não é, nem pode ser, obstáculo para a consolidação da Comunidade, tendo, contudo, como verdade e legítimo que cada Estado da CPLP deve fortalecer a sua presença na região onde geograficamente se situa, dignificando as especificidades de cada Estado-Membro, em observância total ao respeito pela independência e igualdade que a soberania exige, e pela não ingerência nos assuntos de cada Estado-Membro.

Os Estados-Membros da Comunidade compreenderam, em boa hora, dever agrupar-se para melhor enfrentar os inúmeros e crescentes desafios que a globalização obriga ao avaliar que, apesar do individualismo fundado na soberania de cada Estado – normal, provavelmente, mas nem por isso aconselhável –, os interesses comuns e convergentes existem e aproximam os Estados e, destarte, devem sobrepor-se ao individualismo internacional, reforçando o efeito agregador que está na sua génese de que salientamos a cultura como fator forte da coesão da Comunidade fundamentada na língua em que nos entendemos, caracterizada pela fraternidade e pela solidariedade entre os povos em virtude da secular vivência comum. O que não obsta, todavia, que se reconheçam a cada Estado os traços culturais próprios que devem ser mantidos e reforçados!

É na inclusão de Estados tão díspares quanto distantes e no respeito pela diferença que reside paradoxalmente a força da CPLP! O traço unificador da língua e da cultura tem de ser o vetor da consolidação da organização e do seu fortalecimento na comunidade internacional, na qual se tornará mais influente e significativa quando alicerçada numa atuação conjunta. Porém, acreditamos que a CPLP não deve ater-se à matriz do seu nascimento.

Os tempos exigem maior empenho na luta pelo desenvolvimento, pelo que se impõe à CPLP um novo desafio, o da aposta no seu relançamento económico-político-social tendo em vista o robustecimento de cada Estado-Membro individualmente e de todos os Estados-Membros no seu todo! E, mesmo não sendo na sua génese uma comunidade económica, urge saber enfrentar a globalização e os consequentes múltiplos desafios que se deparam aos Estados e a cujos reptos – particularmente os Estados pequenos e em fase de crescimento, como é o caso de Timor-Leste – dificilmente conseguem responder se estiverem isolados. Ora, não obstante a diversidade, a descontinuidade geográfica dos Estados-Membros e a sua consequente integração em organizações regionais com interesses próprios ou mesmo a especificidade de cada Estado-Membro, devemos saber retirar vantagens do que aparenta ser uma fragilidade. Isto significa que, mesmo situado em continentes distintos e sem prejudicar os assuntos de política externa individual, cada Estado pode ser o embaixador da organização no continente onde se situa e funcionar como ponte entre as organizações regionais a que pertencem os Estados-Membros, criando bases, por exemplo, para a cooperação política ou económica.

Cada um dos países, no contexto regional próprio, pode ser o intérprete de interesses e aspirações que a todos são comuns. Naturalmente, porque a concertação na comunidade internacional se faz entre os Estados que comungam de interesses comuns, vivenciaram a mesma História e a sua cultura está indelevelmente marcada e enriquecida por essa experiência, acreditamos que a Comunidade dos Países de Língua Portuguesa cumpre todos os requisitos fundamentais para a conquista de uma função geopolítica estratégica no Mundo.

Consciente do papel de língua estratégica de comunicação internacional que a língua portuguesa granjeia no mundo, será a partir da matriz inicial, através dos seus valores culturais, que a CPLP – caracterizada estatutariamente como *o foro multilateral privilegiado para o aprofundamento da amizade mútua, da concertação político-diplomática e da cooperação entre os seus membros* – deve orientar a sua ação no mundo globalizado e, assim, alargar o âmbito inicial a um conjunto de matérias de interesse comum, apostando no desenvolvimento sustentável dos Estados-Membros, estimulando o crescimento económico, o desenvolvimento social, apostando na ciência e tecnologia e na formação de recursos humanos qualificados.

A SITUAÇÃO PARTICULAR DE TIMOR-LESTE

No caso peculiar de Timor-Leste, para além da cooperação económica, social, jurídica e técnico-científica, assume primordial relevância a cooperação na área da Educação com o apoio à reintrodução e à difusão da língua portuguesa.

Os sucessivos governos timorenses têm considerado prioritária a promoção da língua portuguesa, mas os resultados não são proporcionais aos esforços despendidos. No entanto, compreendemos que o processo não é fácil quando ponderamos no facto de os timorenses terem sido proibidos de se exprimir em português por mais de duas décadas.

Por outro lado, a consciencialização pela classe política de que Timor-Leste é deficitário no uso e domínio de um dos seus idiomas oficiais constrange-a a empenhar-se na luta pela sua promoção; não só porque é fundamental na formação e na qualidade de recursos humanos como também pelo valor simbólico que lhe foi atribuído na Resistência, pela carga identitária que transporta e, sobretudo, porque o seu estatuto como língua oficial tem consagração constitucional.

Timor-Leste, enquanto detentor da Presidência Rotativa no biénio 2014-2016, promoveu iniciativas com o objetivo de reforçar e promover a posição da língua portuguesa no sistema mundial. Neste contexto, e de entre uma vasta panóplia de projetos, interessa mencionar os Planos Estratégicos e os Planos de Ação que orientam a Direção para a Ação Cultural e Língua Portuguesa até 2020 aprovados nas Reuniões Ministeriais Setoriais de 2014 e 2016. Igualmente significativa foi a III Conferência Internacional sobre "O Futuro da Língua Portuguesa no Sistema Mundial", que decorreu em Díli, em Junho de 2016, envolvendo países da região com crescente interesse na língua portuguesa e o Colóquio de Díli, sobre "A Língua

Portuguesa e a Globalização", onde foram debatidos os eixos prioritários das políticas da língua portuguesa nos Estados-Membros.

Já no que respeita ao ensino, na fase de transição ocorrida no primeiro período da restauração da independência, para que não fosse criado um hiato e para evitar que os alunos fossem obrigados a instruir-se numa língua quase desconhecida e estranha, o ensino escolar foi ministrado em língua indonésia, coincidentemente à formação de professores timorenses em português por docentes dos vários Estados da CPLP. A opção não foi positiva e o acesso ao ensino superior – de que destacamos a Universidade Nacional[2] – revelou-se problemático justamente pelo desconhecimento da língua de ensino.

A título de exemplo, refira-se o curso de Direito na Faculdade de Direito da Universidade Nacional Timor Lorosa'e, ministrado desde a sua fundação, em 2005, em português. O embate inicial foi, como se esperava, difícil de superar e requereu algum tempo de adaptação, não apenas dos estudantes devido ao deficiente

2 A Universidade Nacional Timor Lorosa'e (UNTL) é a única universidade pública de Timor-Leste e foi fundada em 17 de Novembro de 2000 como resultado da reorganização e fusão da Universitas Timor Timur e da Politeknik Dili, instituições do Ensino Superior existentes no tempo da ocupação indonésia. No processo de fusão, tanto o ensino técnico superior quanto o académico passaram a ser ministrados pela UNTL.

conhecimento da língua portuguesa, como dos docentes pela dificuldade em transmitir conhecimento. Mas era necessário que o ensino se fizesse em português pelo facto de a legislação ser estruturada e produzida em língua portuguesa, ainda que posteriormente traduzida para língua tétum, que se enriquece e se desenvolve com o contributo do português.

A situação é, atualmente, diferente e a evolução é evidente, ainda que persistam obstáculos que obrigam os professores a continuada entrega e empenho total no seu trabalho. O curso de Direito na Universidade Nacional é frequentado hoje por mais de 500 alunos, um número substancialmente maior quando comparado com o pequeno número de estudantes existente em 2005.

No entanto – e porque o número de falantes de português é ainda diminuto – os vários intervenientes (para além dos professores) e, muito particularmente, os governantes timorenses devem manter-se empenhados e atentos; destes se exige mais pelo melhor conhecimento da realidade sociopolítica-cultural do país e pela necessária perceção da importância do português como marca identitária e, consequentemente, essencial para a consolidação do Estado democrático e da Nação timorense.

A ajuda e o envolvimento dos Estados-Membros da CPLP é, também, imprescindível a Timor-Leste, pelo que registamos o relevante Acordo sobre a Mobilidade no espaço da Comunidade assinado em Luanda na XIII Cimeira da organização, em 17 de Julho de 2021, pelos Chefes de Estado e de Governo da CPLP. Acreditamos que a mobilidade no espaço da comunidade aproxima a Comunidade dos seus cidadãos, consolida as relações de cooperação e amizade existentes entre os Estados-Membros e entre os seus povos e contribui para o fortalecimento e difusão da língua.

CONSIDERAÇÕES FINAIS

Identificámos, na generalidade, alguns dos aspetos que, no nosso entendimento, constituem a força motriz da atuação congregadora da CPLP na comunidade internacional.

A CPLP alargou o seu âmbito, propondo-se – como, aliás, já referimos – fazer frente aos desafios da globalização. Abordando a urgência em traçar um novo caminho e em corrigir as assimetrias entre os Estados-Membros da CPLP, Kay Rala Xanana Gusmão, Primeiro-Ministro do IV Governo timorense, preconizou, em 2014, a importância de "plantar a bandeira" da lusofonia "nos negócios do mundo".[3]

Nesse sentido, e por iniciativa de Timor-Leste, quando o país assumiu a Presidência Rotativa da organização entre 2014 e 2016, nasceu, em Díli, a Nova

3 Cf. Jornal *Público*, Lisboa, 2014.

Visão Estratégica da CPLP no que concerne ao relançamento da Comunidade. Circunscrevendo-nos à língua, cumpre destacar que a nova visão pretende

> [...] valorizar o potencial das diásporas da CPLP e das comunidades situadas noutros países e regiões do mundo, que preservam a influência da língua portuguesa e partilham laços históricos e culturais com os países da organização.

A situação geográfica diversa dos Estados-Membros – da Europa ao Sul da Ásia – permite que a CPLP, com uma identidade cultural própria, com a ideia política que se lhe reconhece de cooperação solidária, no estreitamento lógico dos laços de cooperação internacional, afastada por opção de critérios de marginalização e de segmentação – como os da raça ou do credo que infelizmente grassam no Mundo atual –, se afirme internacionalmente nas relações com outros Estados e outras organizações, que promova projetos em matéria de direitos fundamentais e tome posição conjunta sempre que seja preciso defendê-los. O que traduz o conteúdo da maioria das constituições dos Estados da CPLP no que tange à consagração dos direitos humanos, dos valores intrínsecos ao Estado de direito, da defesa da liberdade ou da cooperação para a paz e para a justiça.

Tendo como fundo o bem comum, com base, aliás, nas raízes de solidariedade e fraternidade em que assenta a Comunidade, estão naturalmente constituídas as linhas orientadoras para uma cooperação em que todos estes pressupostos sejam ponderados e materializados, de maneira a que a CPLP se constitua numa organização exemplar. Em face dos múltiplos problemas que assolam o mundo, todos precisamos de todos, pelo que urge aprofundar e firmar os laços comuns com vista a que a CPLP seja uma Comunidade em que *os membros estão unidos apesar de tudo o que os separa*,[4] contrariamente à sociedade, onde os grupos permanecem separados apesar de tudo quanto fazem para se unir. A este propósito, afirma o Secretário Executivo Zacarias da Costa que

> [...] a representação inclusiva de todos os Estados-membros e a valorização das realidades que lhes são próprias são fundamentais para o nosso objetivo de unirmos esforços em nome do património identitário que partilhamos.[5]

A situação geográfica de Timor-Leste confere ao país uma posição muito relevante na organização. Porém, embora estejamos cientes de que a nossa adesão em 2002 não só corporizou o alargamento do espaço da

4 Esta frase é atribuída a Marcello Caetano, professor e antigo governante português no período anterior à Revolução Portuguesa de 25 de Abril de 1974.

5 Cf. Entrevista à Agência de Notícias Lusa, Junho de 2021.

Comunidade como pode ser a porta de entrada para os interesses comuns económicos e empresariais da CPLP na zona da Ásia em que o Estado de Timor-Leste se situa, cremos que a Comunidade dos Países de Língua Portuguesa deve continuar a pugnar pela promoção da língua portuguesa, ajudando na sua reintrodução com o intuito de ajudar a formar recursos humanos cuja fluência numa língua com representatividade mundial lhes permita transpor fronteiras e triunfar no exterior do seu país.

Em conclusão, importa sublinhar que o ensino da língua portuguesa em Timor-Leste não é uma obstinação. É um imperativo nacional.